Preguntas y respuestas sobre

Bitcoin

Del concepto blockchain a la definición de la suite LNP / BP

David Coen

Copyright © 2019 David Coen

Todos los derechos reservados. Este libro o parte de su contenido no puede reproducirse ni utilizarse de ninguna manera sin el permiso expreso por escrito del editor, exceptuando el uso de citas cortas en las reseñas.

Autor: David Coen
www.davidcoen.it
info@davidcoen.it
PGP Fingerprint: 5351632CBBF23EF29F1815ACD270A7681AE508EA

Ilustraciones: Marianna Prina

Revisión general por: Giacomo Zucco

Traducción: Javier Bastardo
Revisión: Satoshi en Venezuela

Descargo de responsabilidad

Este libro es un estudio sobre la tecnología Bitcoin, no un documento financiero. Nada en este libro debe considerarse un consejo financiero o una recomendación para invertir o comprar algún bien.

Primera edición, 2020
ISBN 9781657029903

Dedicatoria

A mi amada Brunilda, que me apoya y aguanta incluso cuando la aburro hablando sobre Bitcoin.

Y a mi sobrina Arianna, para quien espero pueda vivir en una sociedad mejor que esta. Recuerda las tres libertades mientras buscas tu riqueza pero, sobre todo, ama.

La versión en Español de este libro esta dedicada la gente de Venezuela, qué está luchando contra una terrible inflación.
Bitcoin está aquí para arreglar esto.

CONTENIDO

Preguntas y respuestas sobre Bitcoin ix

    Prefacio ix

    Agradecimientos xv

Parte 1 1

¿Por qué Bitcoin? 1

    ¿Qué es bitcoin? 2

    ¿Bitcoin es propiedad de alguien (o alguna empresa)? 7

    ¿Quién creó Bitcoin? 9

    ¿Por qué se creó Bitcoin? 13

Parte 2 29

Bitcoin: ¿Cómo? 29

    ¿Cuál es la diferencia entre Bitcoin (letra mayúscula) y bitcoin (letra minúscula)?. 30

    ¿Por qué hay un límite de 21 millones de bitcoin? 31

    ¿Necesito comprar un bitcoin completo? 33

    ¿Cómo se producen bitcoins? 35

    ¿Quién o qué son los mineros? 37

    ¿Cómo sobrevivirán los mineros cuando todas los bitcoins sean minadas? 43

    ¿Cómo hacer una transacción? 48

    ¿Cómo almaceno bitcoins? 57

    ¿Qué es una bifurcación (fork) de Bitcoin? 58

    ¿Cómo reconocer los bitcoins falsos por los verdaderos? 63

    ¿Qué es la cadena de bloques (blockchain)? 64

    ¿Cuáles son los otros usos posibles de la blockchain de Bitcoin? 69

    ¿Qué es un nodo bitcoin? 79

    ¿Qué es unn monedero ligero (SPV)? 82

    ¿Qué es un monedero de hardware? ¿Y un monedero de papel? 85

    ¿Quién establece el valor de 1 bitcoin? 88

    ¿Podemos cambiar la política económica de Bitcoin? 90

    El espectro de la desigualdad en Bitcoin 95

El "peligro" de la deflación de Bitcoin 101

¿Por qué debo convertir mis ahorros en algo tan volátil? 107

¿Cuánto cuesta comprar bitcoins? 111

¿Por qué no debo mantener mis bitcoins en una casa de cambio (exchange)? 113

¿Por qué el oro digital es mejor que el oro material? 114

¿Qué es la Lightning Network? 120

¿Qué es un sidechain? 127

¿Fue Bitcoin inventado por la NSA americana (Agencia Nacional de Seguridad)? 128

¿Es verdad que los criminales utilizan Bitcoin? 131

¿Alguien ha robado bitcoins del sistema? 133

¿Qué significa maximalista de Bitcoin? 136

Las características fundamentales de un protocolo básico sin confianza 140

Comparación entre TCP / IP y LNP / BP 141

Redefiniendo la unidad monetaria 148

¿Que es una reorganización (reorg)? 149

¿Cuáles son los principales puntos críticos de Bitcoin? 156

Apéndice I - Mejores prácticas 165

Apéndice II - Modelado de negocios en el ecosistema de Bitcoin Lightning Network, por Federico Spitaleri (satoshis.games) 169

Apéndice III - Una CPU, un voto. Un concepto erróneo generalizado 181

Glosario 183

Sobre el Autor 189

Fuentes y referencias 191

Preguntas y respuestas sobre Bitcoin

Prefacio

"(...) hay problemas con el uso real del efectivo digital en el corto plazo. (...) Una preocupación que tengo es que el cambio hacia los pagos electrónicos disminuirá la privacidad personal al facilitar el manejo y el registro de las transacciones.
Se podrían crear expedientes que rastrearán los patrones de gasto de cada uno de nosotros.
Ya sucede, cuando ordeno algo por teléfono o usando mi tarjeta Visa, y se registra exactamente cómo gasté y dónde gasté. A medida que pasa el tiempo, más transacciones se pueden realizar de esta manera, y el resultado neto podría ser una gran pérdida de privacidad."

— *Hal Finney, Digital Cash & Privacy, 19 de agosto de 93*

La invención del dinero es lo que inició el comercio a gran escala entre individuos y, desde entonces, ha impregnado nuestra sociedad. No podemos prescindir de él, pero podemos aprender a evaluar, independientemente, qué dinero es bueno y cuál es malo, qué medio de intercambio es funcional y cuál no.

Con la llegada de los sistemas de pago digital, nos hemos centrado cada vez más en la funcionalidad del dinero, en la velocidad con la que puede utilizarse, facilitando las transacciones y eliminando los obstáculos para su propagación. Sin embargo, nos hemos olvidado de evaluar si el dinero que estamos utilizando es un buen medio de intercambio y hemos subestimado las amenazas a la privacidad que conllevan estos nuevos sistemas.

Aún así, todas las señales estaban allí.

La posibilidad de que los gobiernos creen valor de la nada, imprimiendo dinero completamente desconectado de cualquier subyacente, ya sea oro u otro material precioso y escaso, se ha convertido en el estándar durante algunas décadas. De un medio de intercambio en manos del individuo, el dinero se ha convertido con el tiempo en reserva exclusiva de los estados y los bancos centrales.

En cambio, las amenazas a la privacidad se manifestaron por completo en el mismo momento en que se creó Internet: los gobiernos finalmente pudieron llevar a cabo la llamada vigilancia masiva.

Para contrarrestar estos sistemas de vigilancia, que podrían utilizarse con fines poco éticos y antidemocráticos, nació un movimiento compuesto por individuos que compartían un propósito: la creación, mediante el uso práctico de la criptografía, de sistemas diseñados para defender a las personas contra posibles amenazas a su libertad.

Cuando el intercambio de información a través de Internet permitió la llegada de los pagos electrónicos, se agregaron más puntos críticos a los que ya existían. Los canales innovadores ahora estaban disponibles para el Gran Hermano.

Afortunadamente, alguien con los medios de los mismos nuevos sistemas informáticos de pago, comenzó a plantear la hipótesis de otra forma, una posibilidad de contraste con el sistema; para no dejar que se salga del camino, para que no convierta a nuestra sociedad en una distopía. Trabajaron para convertir esas teorías simples en alternativas reales y válidas.

Hoy tenemos una herramienta que representa la síntesis de este arduo trabajo y depende de nosotros comprender su potencial.

"Nos enfrentamos a los problemas de pérdida de privacidad, computación progresiva, bases de datos masivas, más centralización", y [David] Chaum ofrece una dirección diferente en lugar de gobiernos y corporaciones.

Las computadoras se puede utilizar para proteger a las personas, en lugar de controlarlas. A diferencia del mundo actual, donde las personas son organizaciones o gobiernos, el enfoque de Chaum equilibra el poder entre individuos y organizaciones. Ambos tipos de grupos están protegidos contra el fraude y el maltrato por parte del otro.

Naturalmente, en la sociedad actual, con el poder asignado desproporcionadamente, tales ideas son una amenaza para las grandes organizaciones.

Equilibrar el poder significaría una pérdida neta de poder para ellos. Así que ninguna institución va a retomar y defender las ideas de Chaum.

Será una actividad de base, en la que las personas aprenderán cómo hacerlo y luego la exigirán (...). El trabajo que estamos haciendo aquí, en términos generales, está dedicado a este objetivo de hacer que el Gran Hermano sea obsoleto.

Es un trabajo importante.

Si las cosas funcionan bien, podemos mirar hacia atrás y ver que fue el trabajo más importante que hemos hecho."

— Hal Finney, Why Remailers I, 15 de noviembre de 92

"No creo que volvamos a tener un buen dinero antes de quitarle el control de las manos al gobierno, es decir, no podemos sacarlos violentamente del gobierno, todo lo que podemos hacer es hallar una astuta e indirecta forma de hacerlo, con algo que no pueden parar."

— Friedrich Hayek, 1984

* David Chaum es un experto en informática y criptografía, creador del concepto de efectivo digital y del dinero electrónico privado echash. Ver el capítulo *¿Quién creó Bitcoin?* para mayor información.

David Coen
Preguntas y respuestas sobre Bitcoin
Del concepto blockchain a la definición de la suite LNP / BP

Cómo usar este libro

La fórmula elegida es la de las preguntas / respuestas, por lo tanto, aunque algunos temas se abordan de forma lineal, no es necesario respetar el orden de los capítulos.

Mi consejo es proceder a una primera lectura lineal, pero si te encuentras con un texto ininteligible, te sugiero que saltes el capítulo y vuelvas a él cuando te sientas preparado.

Las palabras en negrita generalmente indican un término importante sobre el cual volveremos durante la lectura. Por lo tanto, si encuentra términos aparentemente complejos, no tema y continúe: los analizaremos más adelante.

Los cuadros punteados indican un texto particularmente difícil que puede requerir una lectura adicional.

He dejado deliberadamente las tablas en inglés de manera que el lector empiece a familiarizarse con los términos propios del lenguaje técnico y económico. En todo caso, cada pala ra es analizada y traducida al español, así que solo debe continuar leyendo.

Los invito a informar cualquier error y / o deficiencia, pero también sugerencias para mejorar futuras ediciones, a través de Twitter @QAaboutBitcoin y @thedavidcoen.

Agradecimientos

Este libro fue posible gracias a la contribución de muchos profesionales, del sector y no, nunca he visto en ninguna otra área la colaboración que he encontrado en Bitcoin.

En un orden exclusivamente alfabético, me gustaría agradecer:

- Alena Vranova (@AlenaSatoshi), por presentarme a *The Little Bitcoin Book* y darme información valiosa para analizar la sociedad sin efectivo.
- Bitficus (@bitficus) por "The Sat"
- Giacomo Zucco (@giacomozucco), por la revisión general, los valiosos consejos, el concepto de la suite LNP / BP y por la magnífica revisión de la contraportada.
- Federico Spitaleri (@FedericoSpital3), por permitirme publicar su artículo *Business modeling nell'ecosistema Bitcoin Lightning Network*, como un apéndice.
- Javier Bastardo: por la maravillosa traducción y su ayuda.
- Marianna Prina, por los fantásticos dibujos!
- Michael Caras (@thebitcoinrabbi), por su disponibilidad y por presentar Bitcoin de una manera simple en su libro *Bitcoin Money*.
- Nuno Coelho (@nvcoelho), por brindar comentarios y revisar el texto.
- Raljoseph Ricasata (@rjrs2k), por los valiosos comentarios y la extraordinaria revisión de la contraportada.
- Satoshi en Venezuela: por la revisión personal h por ayudar a la gente en Venezuela a entender Bitcoin.
- Silvia Bossio y Stefania Pezzoli por haber visto el texto y hecho comentarios desde el punto de vista del lector bitcoiner y nocoiner.

Gracias a quienes trabajan activamente en el código de Bitcoin, en Lightning Network y en las capas de la suite LNP / BP y, en general, a la comunidad que eligió la portada de este libro, me apoyaron, proporcionaron ideas interesantes y me hicieron pensar.

Textos recomendados

Para obtener más información sobre Bitcoin, recomiendo leer los siguientes libros:

El patrón Bitcoin: La alternativa descentralizada a los bancos centrales, por Saifedean Ammous.
Libro fundamental para comprender los aspectos económicos de Bitcoin y el concepto de dinero sólido.

Mastering Bitcoin: Traducción al español de la guía completa del mundo de bitcoin y blockchain , por Andreas M. Antonoupoulos.
Guía completa y técnica sobre Bitcoin y su programación.

El Dinero Bitcoin: El Cuento de Bitvilla Descubriendo el Buen Dinero, de Michael Caras.
Un libro apto para todas las edades, útil para comprender lo básico de Bitcoin y el dinero en general.

El Pequeño Libro de Bitcoin: Por qué Bitcoin importa para tu libertad, tus finanzas y tu futuro The Little Bitcoin Book: Why Bitcoin Matters for Your Freedom, Finances, and Future, de Timi Ajiboye, Luis Buenaventura, Lily Liu, Alexander Lloyd, Alejandro Machado, Jimmy Song, Alena Vranova, Alex Gladstein.

Complemento ideal para el texto que está a punto de leer. Analiza los peligros de la sociedad sin efectivo y responde a otras preguntas que no están disponibles en este libro.

PARTE 1

¿Por qué Bitcoin?

PREGUNTA 1

¿QUÉ ES BITCOIN?

En el Libro Blanco de Bitcoin [1], el documento que explica las características principales de este sistema, leemos:

"Bitcoin: Un Sistema de Efectivo Electrónico Usuario-a-Usuario."

"Una versión puramente electrónica de efectivo permitiría que los pagos en línea fuesen enviados directamente de un ente a otro sin tener que pasar por medio de una institución financiera. (...)"

En pocas líneas se introducen muchos conceptos fundamentales:

- **Efectivo electrónico**
- **Usuario-a-Usuario (P2P)**
- **Desintermediación**

Veremos qué significan estos términos a su debido tiempo.

Las personas que se acercan a Bitcoin por primera vez generalmente se atemorizan por conceptos similares, que pueden parecer demasiado técnicos, o considerar a Bitcoin como una herramienta especulativa, una burbuja financiera, un esquema piramidal, etc.

La confusión reina, suprema.

Entonces, ¿qué es Bitcoin?

Bitcoin es esencialmente un sistema monetario basado en las matemáticas, cuyas reglas (protocolos) se han escrito, en la fase de creación, sobre la base de constantes matemáticas y no se redefinen a mitad de camino en función de elecciones políticas, como es el caso del dinero de curso legal.

Para hacer un simple paralelismo, las reglas básicas de Bitcoin son como las de un juego de cartas; ¡No podemos cambiar las reglas mientras jugamos!

Bitcoin es descentralización y desintermediación
Este sistema no necesita intermediarios para gestionar sus transacciones.

Antes de Bitcoin, todas las transacciones digitales, desde la transferencia bancaria hasta los pagos a través de PayPal, eran posibles gracias a la existencia de un intermediario. Tomemos, por ejemplo, a Alice y Bob. Suponemos que Alice es un cliente y Bob un vendedor: quiere enviarle dinero a través de Internet a cambio de un producto o servicio.

¿Cómo pueden realizar este intercambio de valor?

Si Alice decide pagarle a Bob por transferencia bancaria, irá a la página web de su banco en línea (o usará la aplicación correspondiente), le **pedirá** a su banco que realice el pago a Bob y el banco **autorizará** el pago si se dan ciertas condiciones se cumplen: sobre todo, obviamente, la disponibilidad de dinero en la cuenta y la ausencia de doble gasto, que es el intento de llevar a cabo una transacción con la misma cantidad de dinero dos veces.

Entonces, tenemos un sistema de tipos centralizado en el que dos actores (Bob y Alice) recurren a un "tercero de confianza" (el banco) para llevar a cabo una transacción que, fuera del ámbito digital, sería directa. Con dinero en efectivo, Alice le habría dado el dinero a Bob a cambio de sus bienes o servicios.

Básicamente, cuando realizamos una transacción a través de Internet, simplemente le pedimos al banco, PayPal o cualquier otro procesador de pagos que actualice sus registros al eliminar parte de nuestro saldo y agregarlo al del destinatario.

No hay intercambio directo de dinero entre Alice y Bob.

Con Bitcoin, por primera vez en la historia de Internet, ha sido posible eliminar estas terceras entidades u "intermediarios" de las transacciones, y a Alice y Bob nuevamente se les ha permitido intercambiar dinero directamente.

Veremos en este libro cómo Bitcoin hace esto posible, cuáles son los puntos críticos del sistema anterior que llevaron a la realización de este nuevo sistema y cómo se crea la moneda que forma parte de este nuevo sistema.

Por lo tanto, veremos por qué podemos decir con convicción que "**Bitcoin es soberanía monetaria individual**".

Bitcoin es escasez digital
Antes de la creación de Bitcoin, las palabras "escasez" y "digital" mal vinculadas, de hecho, eran esencialmente un oxímoron.

Además de la capacidad de ejecutar transacciones sin un tercero que las autorice, gracias a Bitcoin se introdujo por primera vez el concepto de escasez en el ámbito digital.

Los productos digitales que viajan en la red (bitcoins) son limitados como los materiales preciosos (por ejemplo, oro) y no pueden ser falsificados. Además, no pueden ser detenidos o incautados, porque viajan dentro de una red descentralizada que no tiene líderes o un único punto de falla.

Satoshi Nakamoto, el creador del Protocolo de Bitcoin, en un momento en que la moneda del sistema aún no había encontrado su precio, nos dio una idea del concepto de escasez digital, asociando los bitcoins individuales con los metales preciosos:

"Como experimento mental, imagine que había un metal base tan escaso como el oro pero con las siguientes propiedades:

- aburrido color gris
- no es un buen conductor de electricidad
- no particularmente fuerte, pero tampoco dúctil o fácilmente maleable
- no es útil para ningún propósito práctico u ornamental

y una propiedad mágica especial:
- se puede transportar a través de un canal de comunicaciones

Si de alguna manera adquirió algún valor por cualquier razón, cualquiera que quiera transferir riqueza a larga distancia podría comprar algo, transmitirlo y hacer que el destinatario lo venda. (...)"

Pero, ¿qué queremos decir exactamente con el término escasez digital? ¿Y por qué no existía antes?

Internet es una herramienta que nos permite comunicarnos con otros usuarios y / o instituciones en cualquier lugar del mundo gracias a un intercambio gratuito de información: cuando queremos transmitir mensajes y contenido multimedia a otros usuarios, simplemente intercambiamos paquetes de información (datos).

Incluso cuando los gobiernos imponen la censura de la información, existen sistemas para eludir esta censura y comunicarse directamente con cualquier persona con conexión a Internet.

¿Qué sucede cuando compartimos datos, como contenido multimedia, en Internet?

Respondemos esta pregunta con un ejemplo.

Supongamos que Alice quiere enviar una foto a Bob usando un sistema de mensajería que opera en Internet (por ejemplo, WhatsApp o Telegram).

El dispositivo de Alice divide la foto en muchos paquetes pequeños de información que se envían a través de un canal de comunicación a través de Internet mediante un conjunto de protocolos y reglas de comunicación llamado suite TCP / IP. Una vez que han llegado al dispositivo de Bob, se reconstruyen para crear la imagen de Alice.

En resumen, Alice no hace nada más que copiar su foto y enviar esta copia a Bob, un poco como enviar un fax.

Antes de esta comunicación, la foto de Alice era única, porque fue tomada con su dispositivo y almacenada solo allí, ahora hay varias copias. La foto de Alice no es escasa porque es infinitamente replicable: Alice no ha firmado la propiedad de ese archivo, sino que solo le ha enviado un clon.

Por lo tanto, antes de Bitcoin, el concepto de escasez en el mundo digital no existía.

Incluso cuando, en lugar de contenido multimedia, deseaba intercambiar valor, necesariamente tenía que recurrir a un tercero confiable que "mantuviera las cuentas" y que, artificialmente, creara una especie de escasez de recursos (dinero digital) disponibles para el usuario particular.

Bitcoin, con sus reglas y protocolos, ha introducido otra forma que consiste en:

- **un sistema descentralizado**
- **un activo digital escaso**

Dos características antitéticas al sistema anterior que es en su lugar:

- **centralizado** (controlado por terceros "confiables")
- **con infinitos productos y activos digitales** (no hay límite para el dinero que pueden imprimir los bancos centrales, así como para los archivos que pueden crearse).

PREGUNTA 2

¿Bitcoin es propiedad de alguien (o alguna empresa)?

Bitcoin es un proyecto de código abierto; Sus códigos, que contienen las reglas y la lógica de la red, son de uso gratuito.

Podemos analizar el código, participar activamente en su modificación y en la corrección de cualquier error, distribuirlo, copiarlo y modificarlo, incluso crear nuestra propia versión del sistema, no compatible con las reglas de red de Bitcoin.

Se pueden hacer paralelos con otros sistemas bien conocidos: Bitcoin es de código abierto como los sistemas operativos Linux y Android, en contraste con los sistemas propietarios cerrados como Microsoft Windows o Apple iOS.

Técnicamente, **Bitcoin no es propiedad de nadie sino de todos**.

Ser un proyecto de código abierto es una de las características fundamentales de Bitcoin: no necesita confiar en el sistema o en quién lo creó. Con un poco de estudio o un profesional, puede analizar el código y asegurarse de que realmente haga para lo que fue creado.

El sistema es confiable precisamente porque no requiere confianza. Se puede definir como un sistema sin confianza.

Entiendo que es difícil imaginar que un sistema que ha ganado tanta importancia y ha hecho que su unidad monetaria tome tanto valor económico, sea gratuito y de dominio público, pero de hecho el concepto de propiedad sobre el software, en la historia de informática, llegó mucho más tarde que el software libre. Desde el comienzo del desarrollo de las computadoras y luego de Internet, la tecnología ha sido de libre acceso. De hecho, ¡esta misma libertad ha fomentado su rápida expansión!

Bitcoin no es diferente.

Los desarrolladores que trabajan directamente en ello lo hacen con un espíritu de colaboración, al igual que aquellos que, en los albores de Internet, trabajaron juntos para crear reglas y protocolos compartidos.

Entonces, ¿dónde está el beneficio?

El sistema en sí mismo no nos permite ganar, pero esto no significa que no se puedan construir aplicaciones sobre él y que, por lo tanto, los desarrolladores no reciban su compensación legítima. Cualquiera, bien sea una persona sola, una empresa o incluso un estado, puede construir sobre Bitcoin, y puede hacerlo de forma voluntaria o mediante pago, al igual que aquellos que construyen en la Web pueden tener su propia ventaja económica.

Piense en los servicios de pay per view como Netflix, creados gracias a Internet, el sistema gratuito y de código abierto, o los servicios "gratuitos": en realidad paga por su uso con sus datos, como Facebook, cuyos desarrolladores reciben pagos regularmente y en algunos casos, incluso significativamente.

PREGUNTA 3

¿QUIÉN CREÓ BITCOIN?

Bitcoin e hizo público el 31 de octubre de 2008 a través de un Libro Blanco, documento que describe las características básicas del sistema, enviado a los participantes de una lista de correo dedicada a la criptografía, asociada con el sitio web metzdowd.com.

El creador del sistema fue un individuo o grupo de personas conocido por el seudónimo de **Satoshi Nakamoto**, del cual no hay más noticias desde 2010.

Durante años, la identidad real de Satoshi ha sido debatida e incluso hoy en día se presumen reclamos y declaraciones rimbombantes de personajes que dicen ser él, sin poder demostrarlo.

La verdad es que no es posible saber quién es Satoshi y ni siquiera es importante: como hemos dicho, Bitcoin es un sistema de código abierto y funciona bien incluso sin su creador original, al igual que cualquier distribución de Linux funciona sin Linus Torvalds, creador de este sistema operativo.

Los cambios en la red pueden volverse "oficiales" si la mayoría de los nodos que forman parte del sistema los adoptan (consulte "*¿Qué es un nodo de Bitcoin?*"), a través de un mecanismo llamado "**Consenso**".

A menudo se hace creer que Bitcoin se construyó de la noche a la mañana, sin tener en cuenta que en realidad su historia es mucho más larga. De hecho, si consideramos a Bitcoin como un instrumento nacido en 2008 e iniciado a principios de 2009, nos sumamos a aquellos que continúan propagando la mala transparencia del sistema, nacido "*de la nada*".

¿Me creerías si dijera que la historia de Bitcoin comienza en los años 70? ¿No?

Bueno, ¡tienes que pensar de nuevo!

Bitcoin es el punto de encuentro de tecnologías preexistentes: desde la firma digital de clave pública hasta la estructura de hashes de árbol criptográfico; el concepto de intercambio descentralizado entre pares, hasta la Prueba de trabajo (PoW).

En 1977, se ideó lo que entonces se conocía como el **sistema criptográfico de clave pública (RSA)**. Este sistema se basa en la existencia de dos claves criptográficas, técnicamente llamadas "clave directa" y "clave inversa", que con el tiempo han asumido el nombre de "clave pública" y "clave privada".

Del nombre se puede deducir fácilmente que una de estas claves puede hacerse pública mientras que la otra se mantendrá en privado: imaginemos que dos amigos, Alice y Bob, quieren enviarse un mensaje confidencial utilizando un canal inseguro; Quizás, uno de ellos está en un estado totalitario, o, simplemente, necesitan mantener sus conversaciones privadas. Con el sistema RSA, Alice podrá cifrar el mensaje con la clave pública de Bob y enviarlo públicamente. Bob será el único capaz de leer el contenido del mensaje porque será descifrable solo gracias a la clave privada, que guardó celosamente.

Desde entonces, el concepto de clave pública y privada se ha utilizado ampliamente en muchas áreas donde era necesario recurrir a la criptografía y también en Bitcoin: incluso si el protocolo de Bitcoin utiliza el **algoritmo de firma digital de curva elíptica (ECDSA)**, debe su funcionamiento básico a la invención de la RSA. Incluso WhatsApp utiliza un sistema criptográfico de extremo a extremo para garantizar la privacidad de sus mensajes.

Por lo tanto, RSA introduce el sistema de firmas digitales primitivas que garantiza, en el ejemplo anterior, que Bob es efectivamente el destinatario del mensaje, ya que él es el único que tiene su clave privada.

¿La idea de blockchain? Está tomado de **Merkle Tree**, una estructura de árbol que utiliza hashes criptográficos patentada en 1979 por Ralph Merkle.

En 1983, David Chaum utilizó los esquemas de firma de clave pública RSA y DSA para implementar las firmas ciegas, una tecnología criptográfica que permite firmar digitalmente un mensaje cuyo contenido está oculto antes de ser firmado y enviado; un sistema que luego aplicó a su dinero electrónico en efectivo, en 1990.

La **Prueba de Trabajo (PoW)** es un mecanismo de consenso que fue desarrollado en 1993 por los profesores Cynthia Dwork y Moni Naor; diseñado como un sistema antispam, luego fue utilizado, junto con el algoritmo hashcash de Adam Back, por Hal Finney en 2004 para crear el RPoW (Pruebas de trabajo reutilizables) y aplicado en su sistema de pago.

BitTorrent (BT), **red entre pares (P2P)** para el intercambio descentralizado de archivos en Internet, en el que se inspira Bitcoin si observamos el mecanismo de intercambio entre nodos y la resistencia a la censura, también debe agregarse a esta lista. Si algunos nodos se cierran por la fuerza, la red es mantenida por los otros nodos dispersos en el planeta (o por encima de él, vea la red de satélite Blockstream en el glosario).

Sin embargo, no fueron solo estos y otros inventos tecnológicos no mencionados los que allanaron el camino para Bitcoin, sino también postulados teóricos de naturaleza económica, política y sociológica.

Sin el Manifiesto Cryptoanarquista de Timothy C. May de 1988, el Manifiesto Cypherpunk de Eric Hughes de 1993 y la escuela económica austriaca, probablemente hoy no tendríamos Bitcoin y una alternativa de sistema de efectivo digital a la sociedad sin efectivo.

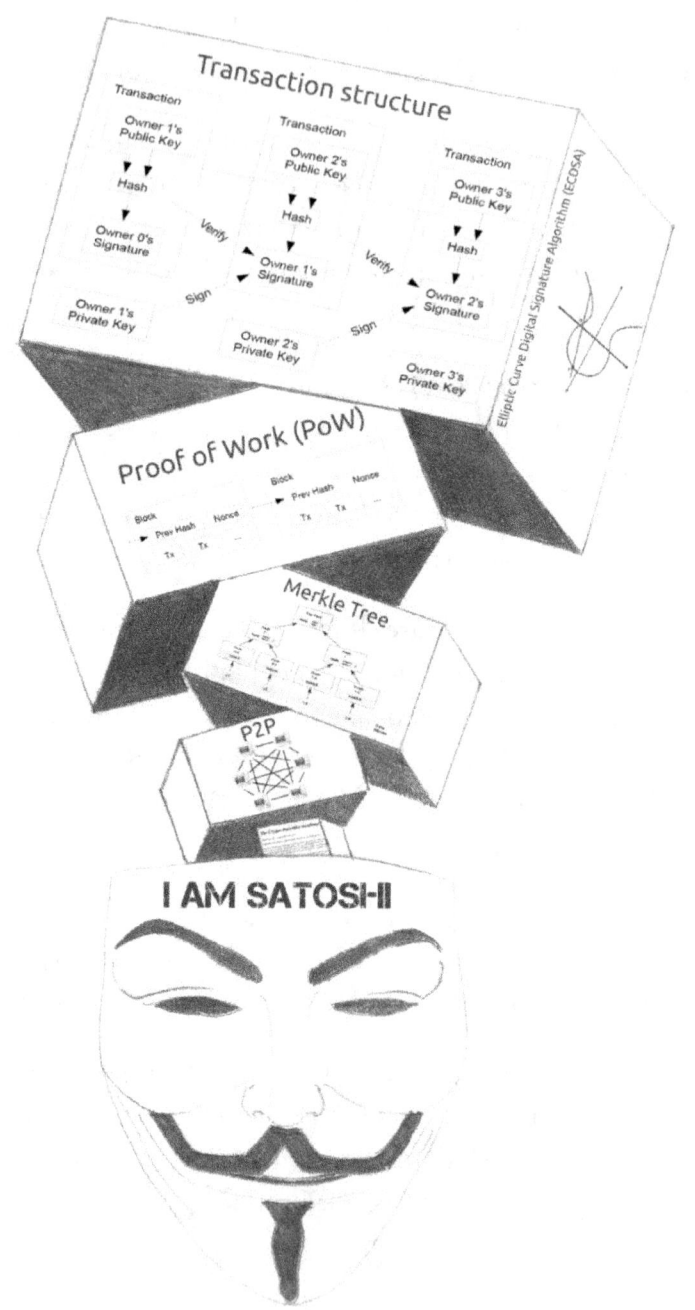

PREGUNTA 4

¿POR QUÉ SE CREÓ BITCOIN?

Bitcoin fue creado sobre todo para traer al mundo digital lo que sucede en el mundo material: **la posibilidad de intercambiar valor directamente sin recurrir a un tercero de confianza.**

La segunda razón, expresada en el documento técnico, es generar transacciones totalmente irreversibles, evitando el fraude contra quienes aceptan el pago en efectivo a cambio de bienes / servicios, sin recurrir a un intermediario de confianza, que no era posible con las tecnologías anteriores.

En realidad, Bitcoin también se creó por otras razones, que trataremos de analizar aquí.

El sistema monetario actual tiene serios problemas, algunos potenciales, otros tremendamente actuales, especialmente si consideramos los intercambios de valores digitales de la llamada sociedad sin efectivo.

Por lo general, divido estas puntos críticos en tres macrocategorías o tipos:

- problemas técnicos
- problemas politicos
- Problemas económicos

En esta tabla, he recopilado las características principales del sistema de efectivo fiduciario, es decir, monedas de curso legal en forma de efectivo, monedas sin efectivo, monedas de curso legal digitales y Bitcoin.

Analicemos estas características y los puntos críticos vinculados a ellas.

Main Features	CASH Paper/metal	CASHLESS Digital fiat (euro, dollar, etc.)	BITCOIN Electronic Cash
DECENTRALIZED PAYMENTS	P2P payments	Completely centralized payments	Decentralized payments broadcasted via blockchain P2P via Lightning Network
FAST PAYMENTS	Fast near payments slow distant payments	It can have instant payments International payments can be slow	Onchain payments can be slow, LN payments are almost instant
IRREVERSIBLE TRANSACTIONS	Transactions are irreversible	Transactions are reversible	Transactions can be considered irreversible after few confirmations
CENSORABLE TRANSACTIONS	Transactions are not censorable	Transactions can be censored in advance	Transactions are not censorable
SEIZABLE MONEY	Cash can be physically seizable	Digital money can be seizable	Exposed private keys can be physically seizable bitcoins can't
SURVEILLANCE vs PRIVACY	Doesn't help surveillance by corporations and States	Corporations and States can use money channels as a surveillance systems	Doesn't help surveillance by corporations and States
ACCESS TO MONEY	In a cash-only society no one can prevent access to money	In a cashless society access to money can be prevented and prohibited	In Bitcoin no one can prevent access to money
FUNGIBILITY	High fungibility unless marked bills	Low fungibility	High fungibility on second layers
MONEY MINTING	Unlimited by printing	Unlimited out of the thin air	Capped supply made through PoW
MONEY LAUNDRY/ TAX EVASION	Can be fought through the judicial system not easy through monetary system	Can be fought through the monetary system too	Can be fought through the judicial system. Blockchain transactions can be tracked
SOCIETY MODEL	Consumption based society	Consumption based society	Savings based society

Comencemos con el aspecto técnico. Aunque es de importancia crucial, apenas se tiene en cuenta, especialmente por la prensa o por aquellos que "no están en el sector", que no están interesados en Bitcoin por el momento y / o no han tenido la oportunidad de estudiar los protocolos de la red.

Ya hemos descrito el sistema de pago digital actual: tenemos un sistema de tipo centralizado en el que dos actores (en nuestro ejemplo Bob y Alice) recurren a un "tercero de confianza" (el banco) para realizar una transacción que, con efectivo, en lugar de eso, sería directa (Alice le paga a Bob. Hecho).

¿Dónde están los problemas técnicos?

El sistema descrito anteriormente está centralizado: un atacante, como un hacker, podría hackear el servidor del banco y tomar posesión del dinero de Bob enviado por Alice desviando la transacción a otro destinatario. También podría apropiarse del dinero de ambos, cambiando el registro bancario.

¿Ciencia ficción? En realidad no, tal vez un poco de paranoia. Pero analizar las posibles amenazas para el sistema es una necesidad adecuada para quienes crean esos sistemas (desarrolladores e ingenieros de sistemas) y para quienes los estudian y difunden.

No debemos pensar en el sistema centralizado como expuesto solo a ataques externos: las amenazas internas también deben considerarse. Estos no son necesariamente ataques voluntarios en la red, pero pueden ser problemas técnicos de naturaleza más grave.

El 1 de junio de 2018, Visa sufrió una fuerte interrupción del servicio [2] que causó la imposibilidad de ejecutar transacciones en el circuito en el Reino Unido y en el resto de Europa.

A millones de usuarios se les impidió realizar pagos durante varias horas: un daño importante, especialmente si consideramos que las personas también usan sistemas de pago electrónico para pagar los gastos de sus necesidades básicas.

Surgió un verdadero pánico, que incluso obligó a algunos gobiernos a emitir avisos de seguridad para los ciudadanos.

"Tranquil@, si no puede pagar, no has sufrido ningún robo o hackeo", informó la Guardia Civil española en Twitter.

Guardia Civil 🛡️ ✓
@guardiacivil

Tranquil@, si no puedes pagar no has sufrido ningún robo ni hackeo

#Visa sufre una caída en Europa que impide procesar pagos con sus tarjetas adslzone.net/2018/06/01/vis...

Traduci il Tweet

6:09 PM · 1 giu 2018 · Twitter for Android

Irónicamente, se descubrió que los usuarios no podían realizar transacciones a través del circuito de Visa, pero aún podían retirar efectivo de los cajeros automáticos. [3]

Una semana después, el sistema "rival" de Mastercard sufrió un colapso similar. [4]
Dos meses antes, Mastercard registró un tiempo de inactividad en los Estados Unidos. [5]

Como señaló acertadamente el periodista económico Brett Scott en el artículo publicado por The Guardian titulado *"The cashless society is a con – and big finance is behind it"* [6]

"Digital systems may be "convenient", but they often come with central points of failure. Cash, on the other hand, does not crash."

"Los sistemas digitales pueden ser "convenientes", pero a menudo vienen con puntos centrales de falla. El efectivo, por otro lado, no se bloquea."

De hecho, el concepto se aplica tanto a los billetes como a Bitcoin, un sistema de efectivo digital.

Piénsalo. En sus diez años de historia, Bitcoin registra un tiempo de actividad del 99.985%: los únicos dos eventos que causaron una interrupción temporal del servicio (en 2010 y 2013), ocurrieron en momentos en que la red estaba en su infancia y la cantidad de nodos que tenía era muy limitada, lo que demuestra que las redes que tienden a la centralización (o centralizadas, como los sistemas "clásicos") están más sujetas a fallas sistémicas.

Hoy, más de 10,000 nodos (¡según Luke Dashjr, en realidad hay más de 60,000 nodos!) apoyan activamente la red y hay más de 10 implementaciones diferentes del software que se ejecuta en estas máquinas; esto reduce drásticamente el riesgo de un colapso del sistema.

Sin embargo, la probabilidad de que esto suceda para un sistema centralizado como Visa sigue siendo considerable.

Por lo tanto, tenemos un sistema de pago digital clásico que es altamente confiable en términos de practicidad y, en algunos casos, velocidad, pero es potencialmente atacable y está sujeto a tiempos de inactividad técnicos debido a la centralización intrínseca del sistema.

Estos ataques o bloqueos sistémicos pueden provocar daños devastadores.

Asuntos críticos de naturaleza política

Estas cuestiones críticas suelen ser las más abordadas, porque la política es pasión pero también, con demasiada frecuencia, la imposición de la voluntad de uno sobre los demás.

El ejemplo descrito anteriormente es útil, pero esta vez lo modificamos un poco.

Alice quiere enviar dinero a Bob, un amigo suyo, y ella usa el tercero de confianza. La transacción no está autorizada. El banco cree que este movimiento de dinero es sospechoso, por lo que interviene de antemano para evitar el lavado de dinero o la evasión fiscal.

"¡*Muy bien*!", dirá alguien. Sin embargo, resulta que Alice y Bob no han hecho nada malo, y que las transacciones enviadas por Alice a Bob tienen lugar sin que esta última proporcione bienes o servicios extraoficiales a su amiga.

Veamos un segundo ejemplo.

Alice quiere enviar dinero a Bob, a cambio de un determinado producto, y recurre a un tercero confiable. También esta vez la transacción no está autorizada.

¿La razón?

El banco considera que el bien ofrecido por Bob "no es positivo" para Alice y actúa para evitar la compra, afirmando que quiere "proteger" a sus clientes. El tercero de confianza ha actuado preventivamente en transacciones de ciudadanos privados que no llevan a cabo ningún tipo de delito fiscal.

Estos no son ejemplos en el aire y ciertamente no representan un caso grave de paranoia.

Aquí un ejemplo reciente:

Esta persona quería comprar criptomonedas a través de CashApp y Coinbase, usando su tarjeta de débito provista por Wells Fargo, uno de los cuatro grandes bancos de EE. UU. La transacción fue rechazada porque: "*Wells Fargo no permite transacciones que involucren criptomonedas*".

Usted comprende que esta es una opción política que limita las libertades individuales.*

En este punto, hay quienes dicen: "*Queremos proteger al cliente de posibles estafas e inversiones altamente especulativas*". A lo que respondo: "*¿Somos usuarios capaces de juzgar? ¿Por qué necesitamos protección?*".

Algunas realidades ven esta centralización del sistema como una forma de fortalecer la competencia en los servicios financieros, pero también para combatir el lavado de dinero y la evasión fiscal. En este sentido, los bancos, al negarse a autorizar transacciones relacionadas con el "mundo de las criptomonedas", evitarían ser facilitadores en caso de delitos relacionados con transacciones a través de Bitcoin u otras criptomonedas.. [7]

Otros afirman que los pagos digitales protegen a los consumidores de ser robados o perder dinero. [8]

En el ejemplo anterior, el problema podría resolverse mediante cambios en la política interna o, más radicalmente, cambiando los bancos.

¿Qué pasa si "el atacante" es el Estado?

Wikileaks es una organización internacional sin fines de lucro, conocida por su activismo en el campo del intercambio de información, a través de su sitio web, repleto de documentos clasificados. A lo largo de los años, esta organización ha difundido muchos documentos confidenciales, incluidos algunos que contienen información sobre la gestión del campo de prisioneros de Guantánamo, lo que causó un escándalo debido a las repetidas violaciones de los Convenios de Ginebra perpetradas dentro de ese centro de detención.

En 2011, tras la publicación por Wikileaks de documentos confidenciales sobre la guerra en Afganistán, los principales procesadores de pago, a través de los cuales la organización recaudó donaciones, decidieron congelar el acceso a fondos y evitar futuras donaciones a través de ellos.

Entre los muchos proveedores, Paypal, bajo una presión creciente principalmente de los Estados Unidos, alegó que *"[Paypal] no puede usarse para actividades que alienten, promuevan, faciliten o instruyan a otros a participar en actividades ilegales".* [9]

Siguiendo estas iniciativas unilaterales, Wikileaks decidió aceptar donaciones a través de Bitcoin y lo comunicó a través de un tweet.

En esta dirección recibió más de 4.000 bitcoins.

WikiLeaks @wikileaks

WikiLeaks now accepts anonymous Bitcoin donations on 1HB5XMLmzFVj8ALj6mfBsbifRoD4miY36v

1:12 AM · Jun 15, 2011 · Twitter Web Client

Control de dinero y estado de vigilancia

Un sistema monetario centralizado implica la realización potencial del Estado de Vigilancia, la característica principal de los regímenes totalitarios.

Una forma de efectivo, mejor si es **"dinero sólido"**, como el oro o el bitcoin, es una herramienta que garantiza la privacidad de la persona que lo utiliza. La privacidad es fundamental, especialmente si vives en regímenes autoritarios o en países que, para hacer frente a una crisis financiera, intervienen activamente la riqueza de los ciudadanos a través de medidas llamadas "**Control de capital**", que limitan su libre iniciativa.

En 2009, la crisis mundial que comenzó el año anterior en los Estados Unidos, golpeó fuertemente a la Comunidad Europea y Grecia pagó el precio más que muchos otros países. Según el ex primer ministro George Papandreou, los gobiernos anteriores falsificaron los presupuestos para permitir que Grecia ingresara al Euro. En 2015, quizás el año más grave para la economía griega, las instituciones de crédito fueron cerradas por orden del gobierno y, en su reapertura, los retiros de efectivo se limitaron a 60 euros por día para evitar el colapso total del sistema bancario. [10]

A principios de septiembre de 2019, el Banco Central de Argentina anunció más controles sobre el dinero en un intento de dominar la especulación y detener una espiral de deuda en constante crecimiento. Los ciudadanos que compran monedas extranjeras deben prestar juramento: declaran esperar al menos cinco días antes de comprar bonos utilizando las monedas extranjeras recién compradas.

La razón es simple: era costumbre comprar bonos con dólares y luego venderlos en pesos y obtener una ganancia de alrededor del 5%. Esta medida sigue el límite de dinero en moneda extranjera que cada individuo puede comprar, que asciende a 10,000 USD por mes. [11]

Además del control de capital y de las medidas de control de dinero directo, el Estado también puede activar los sistemas de vigilancia de la población, explotando las características intrínsecas de los instrumentos centralizados de pago digital.

En Hong Kong, en el verano de 2019, se realizó una protesta política varias veces en contra de la influencia china en el gobierno de la región administrativa especial. Esta vez, el casus beli se relacionó con una enmienda a la ley de extradición que, de ser aprobada por el Parlamento, habría permitido a China llevar a cabo los juicios por crímenes cometidos en Hong Kong. [12]

El Common Law, un sistema legal diferente al de China, está vigente en Hong Kong. Por lo tanto, la protesta quería evitar que parte del poder judicial fuera transferido a otro Estado, con otro sistema legal.

Hong Kong fue uno de los primeros países del mundo en introducir un sistema de pago sin efectivo: en 1997 se lanzó la tarjeta Octopus de Octopus Holding, una solución que evitaba el uso de efectivo para la compra de boletos para el transporte público, incluido MTR (Mass Transit Railway Corporation).

Las tarjetas Octopus ahora se usan activamente también para diferentes compras, en supermercados, estacionamientos y otros lugares, pero también para un acceso seguro a hogares, escuelas y oficinas.

El MTR es el accionista mayoritario de Octopus Holding.

¿Adivina quién posee más del 75% de Mass Transit Railway Corporation? Exactamente, el gobierno de Hong Kong.

El gobierno es el accionista mayoritario de Octopus Holding, que administra la tarjeta Octopus y, por lo tanto, recopila datos sobre el transporte, el consumo y la seguridad de los hogares privados de los ciudadanos. [13]

¿Por qué este preámbulo?

Los ciudadanos, temiendo que los datos de su tarjeta pudieran rastrearse y usarse como evidencia de su participación en las protestas, comenzaron a comprar boletos desechables para el transporte público en lugar de usar su tarjeta Octopus. Este temor está más que justificado por un precedente: la policía había utilizado técnicas de rastreo similares durante las protestas de 2014 organizadas por el movimiento pro-democrático llamado Umbrella y las había utilizado en la corte contra los principales líderes de la protesta. [14] [15]

Comprenderá cómo un instrumento financiero centralizado se presta bien al control estatal sobre las actividades políticas de los ciudadanos, especialmente si se trata de un régimen no democrático.

Según un estudio reciente de la Human Rights Foundation (HRF), el mundo tiene actualmente más de 100 democracias que gobiernan más del 47% de la población mundial; 40 regímenes autoritarios que gobiernan 1.200 millones de personas y 53 dictaduras de pleno derecho que oprimen a 2.800 millones de personas o el 30% de los países del mundo. [16]

Volvamos a considerar la actividad del tercero de confianza - en este caso el Estado-, sobre política monetaria y llegaremos a cuestiones económicas.

Problemas económicos

Lo primero que debemos analizar es la potencial, de hecho, casi segura, falta de fungibilidad en un sistema monetario exclusivamente digital.

Hemos dicho que el tercero también puede intervenir de manera preventiva y bloquear las transacciones entre dos personas (entre pares) o entre una persona y una empresa privada (entre empresas). No solo eso, también puede revertir una transacción y posiblemente incautar el dinero. Aparentemente, esto es bueno y correcto si este dinero proviene de una actividad como el narcotráfico o el tráfico de personas.

Pero, ¿qué pasaría si este dinero llegara a manos de personas que no tienen nada que ver con estos crímenes?

Podrían ser privados de dinero considerado "sucio".

La reversibilidad de las transacciones es una novedad introducida por los sistemas sin efectivo, no presente en los intercambios de valor directo entre individuos.
Con la reversibilidad, se pierde una de las propiedades fundamentales del dinero: la fungibilidad.

Este término indica un activo que puede intercambiarse por otro de igual valor atribuido. Por ejemplo, podemos cambiar una moneda de euro por otra, o podemos cambiarla por 100 centavos de euro; También podemos intercambiar una pepita de oro por otra que tenga las mismas características químicas / físicas. En el ámbito digital, es difícil garantizar la fungibilidad en un contexto en el que un tercero puede intervenir y cancelar transacciones o confiscar dinero.
Mi dinero podría estar sucio y, por lo tanto, no ser tan bueno como el tuyo.

Bitcoin intenta resolver este problema introduciendo el concepto de irreversibilidad de las transacciones y excluyendo al tercero.
Más adelante veremos que esto no es del todo suficiente para garantizar la

fungibilidad del sistema debido a la trazabilidad garantizada por la cadena de bloques.

Otro problema económico es en realidad también político: de hecho, es la política económica del sistema actual.
Hasta 1971, la política económica mundial, ya vinculada al dólar, se basaba esencialmente en el patrón oro.

Los billetes representaban una cierta cantidad de oro preservado en las bóvedas de la Reserva Federal y eran convertibles: podía ir al banco con sus propios billetes y obtener una cierta cantidad de oro representada por ellos.

En la historia del dólar, pero también del marco alemán y otras monedas estatales, hemos intervenido repetidamente en esta convertibilidad, especialmente en tiempos de guerra, en los que se necesitaba más efectivo para financiar actividades de guerra, pero fue solo después de 1971, luego de una serie de medidas económicas llamadas Nixon Shock, debido al nombre del presidente de los Estados Unidos que estaba en el cargo, que abandonamos definitivamente el patrón oro y, por lo tanto, la convertibilidad.

Desde entonces, los billetes individuales ya no representan una reserva de valor, sino que se imponen legalmente y se producen "*de la nada*", sin un activo subyacente.

Con Bitcoin, se decidió adoptar una política económica completamente diferente a la del sistema actual, similar en lugar de la del Estándar de Oro, porque también se basa en la escasez, incluso si es digital.
En el capítulo sobre la política económica de Bitcoin (*¿Podemos cambiar la política económica de Bitcoin?*) veremos con más detalle lo que implica.

Por ahora es suficiente entender esto: el sistema actual no proporciona un límite a la producción de dinero y, por lo tanto, se basa en un modelo inflacionario (cuanto más dinero se produce, menos valor tiene la unidad individual, más aumentan los precios), mientras que Bitcoin adopta un sistema de suministro limitado con inflación controlada. Además, debe decirse que la política monetaria del Estado u otras entidades centralizadas, como las corporaciones, encuentra un amplio margen de maniobra dentro de una sociedad sin efectivo. De hecho, la presencia de dinero físico implica una tendencia a ahorrar y consumir bienes "convenientes", mientras que el dinero digital fomenta el gasto.

Volviendo a la política monetaria del Estado; en una sociedad sin efectivo, los individuos ya no podían retirarse, por supuesto, y delegarán a gobiernos y bancos centrales toda la política monetaria del sistema. El ejemplo de lo que sucedió en Grecia en 2015 es en un vistazo claro. Durante las recesiones económicas, los gobiernos intentan estimular la economía bajando las tasas de interés, ya que es probable que las personas acumulen dinero para satisfacer las necesidades básicas cuando ocurre una emergencia completa. Se produce más dinero y el que ya está en circulación pierde su valor.

Esto sucede no solo durante las recesiones, sino también en un contexto geopolítico en el que los países luchan en guerras comerciales. Cuando, por ejemplo, la Reserva Federal de los Estados Unidos reduce las tasas para alentar las exportaciones, justo después de que China hiciera lo mismo. El Banco Central Europeo les sigue. Una espiral inflacionaria perenne, en la cual el propósito del estado único es tener el dinero que vale menos, para que los otros estados adquieran de ellos la mayor cantidad posible de bienes.

Debido a la sociedad sin efectivo, los ahorros de los individuos podrían desalentarse gracias a la introducción de las llamadas tasas de interés negativas. La gente pagaría a los bancos para mantener sus depósitos en lugar de ganar intereses de ellos. De este modo, se estimularían los préstamos de los bancos y mayores inversiones de las empresas; empujando a las personas a gastar en lugar de ahorrar.

Puede parecer iniciativas loables a corto plazo, pero al final la transformación del individuo de un protagonista del sistema monetario a un consumidor pasivo puro se completará. [17]

En resumen, por un lado, tenemos un sistema monetario que tiende a la realización de la llamada sociedad sin efectivo, que es una sociedad sin efectivo en la que el valor entre individuos se intercambia exclusivamente a través de intermediarios financieros con todos los problemas que surgen, y por otro lado, tenemos un sistema, llamado Bitcoin, en el cual los individuos intercambian valor directamente entre sí, creado para reducir drásticamente los problemas técnico-político-económicos del sistema anterior y lograr la separación del dinero del Estado, como en el pasado la separación de la Iglesia ha logrado en regímenes democráticos basados en el estado de derecho.

A menudo es complejo distinguir lo que es "efectivo" de lo que no lo es.

Nos hacen creer que efectivo significa "físico", "papel" y que sociedad sin efectivo significa "digital", pero este no es el caso.

Debemos hacernos una pregunta fundamental:
¿Puedo disponer libremente de mi dinero?

Si la respuesta es afirmativa, entonces estamos tratando con efectivo: los billetes, el oro y los bitcoins en nuestra **posesión directa** son ejemplos. Puede ser material o digital, no importa. Si puedo disponer del dinero directamente, sin recurrir a un tercero, entonces tengo efectivo, un activo **líquido**.

Si, por otro lado, la respuesta es negativa, es muy probable que vivamos en una sociedad sin efectivo o que estemos a punto de ingresar.

El dinero ya no es efectivo, sino una especie de nota digital o instrumento negociable proporcionado por un tercero (banco, procesador de pagos, etc.).

En este punto, es conveniente tomar la tabla de comparación entre efectivo, sociedad sin efectivo y Bitcoin para darse cuenta nuevamente de lo que esto significa.

"*Bitcoin es una ventaja contra la irresponsabilidad monetaria y fiscal de los bancos centrales y los gobiernos a nivel mundial*".

— *Travis Kling alla CNN, 13 de septiembre de 2019*

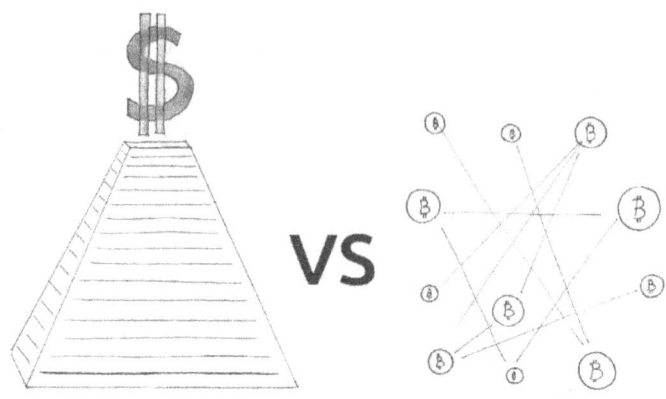

* Tenga en cuenta, para el registro, que, después de la protesta de los usuarios, Wells Fargo parece haber decidido permitir la compra de bitcoins y otras criptomonedas a través de tarjetas de débito, mientras mantiene la prohibición del uso de tarjetas de crédito.

PARTE 2

Bitcoin: ¿Cómo?

PREGUNTA 5

¿Cuál es la diferencia entre Bitcoin (letra mayúscula) y bitcoin (letra minúscula)?

Hemos dicho que Bitcoin es un sistema monetario completamente nuevo, pero también es posible indicar con este nombre la "moneda" digital que se ejecuta dentro de este sistema.

El término **Bitcoin** generalmente se refiere a todo el sistema, incluido el código y los protocolos, mientras que el término **bitcoin**, con "b" minúscula, se refiere a la moneda que se ejecuta dentro de él.

Más adelante veremos cómo, en realidad, quienes participan en este sistema monetario no intercambian archivos (o tokens) llamados bitcoins, y que, por lo tanto, no hay moneda en el sentido clásico del término, pero por el momento tomamos esta simplificación.
Debemos aprender de inmediato a distinguir estos dos términos.

De hecho, es posible que deseemos hablar de tecnología sin hablar del activo monetario o viceversa, según el contexto.

Con el fin de distinguir estos dos términos, últimamente estamos tratando de nombrar el sistema "**Protocolo de Bitcoin**" o **BP**, mientras que en lo que respecta a la moneda, estamos tratando de impulsar la adopción del término "**satoshi**", la unidad monetaria básica que tiene el sistema y obtuvo su nombre solo después de la desaparición del creador del proyecto Bitcoin, o alternativamente podemos usar el término BTC, que representa un bitcoin completo.

PREGUNTA 6

¿Por qué hay un límite de 21 millones de bitcoin?

Como se mencionó anteriormente, cuando Satoshi creó Bitcoin, además de la descentralización del sistema en sí, también definió su política económica.

Quizás Satoshi era un jugador de black jack y creía que el sistema ganaría al crupier si no superaba los 21 y, por lo tanto, eligió este número simbólico; probablemente nunca lo sabremos. El hecho es que decidió imponer un número máximo de bitcoins que podrían crearse y "recortes en la producción", llamados halving, para actuar sobre la inflación: cada 4 años, la cantidad de nuevos bitcoins puestos en circulación se reduce a la mitad y la "producción" de las nuevas unidades terminará cuando se alcancen los 21 millones, por lo que la inflación disminuirá gradualmente hasta convertirse en deflación después de que se mine la última unidad.

A menudo se dice que bitcoin - ¿notaste la letra minúscula? - es un activo raro, porque solo habrá 21 millones de unidades.

En realidad, este no es el caso.

Podemos definirlo como un "**activo escaso**" ya que se ha establecido un límite a su inflación, a la cantidad de "monedas" que se pueden "acuñar" dentro del protocolo, pero ciertamente no es poco común, ni raro. Bitcoin se puede definir como un "activo escaso", porque tiene precisamente una de las características que hacen que un bien tenga valor: **la escasez**.

Los famosos 21 millones de bitcoins, - que no son 21 de todos modos, aproximándose en exceso a 20999949.9769 en 2140 [18] - son solo una convención útil para comprender esta limitación, en una jerga llamada oferta total.

PREGUNTA 7

¿NECESITO COMPRAR UN BITCOIN COMPLETO?

El bitcoin es un activo divisible.

¡Puede tener hasta ocho decimales!
Si pensamos en el euro, vemos que 1 euro es divisible hasta dos decimales (incluso si en finanzas usan más), de esta manera: 1,00 euro. En la vida cotidiana también usamos centavos y sabemos que 100 centavos hacen un euro entero.
Para bitcoins las cosas funcionan de manera similar pero con ocho decimales.

1 bitcoin se puede representar de la siguiente manera: 1.00000000.
Se puede deducir que la parte más pequeña de bitcoin es esta: 0.00000001 bitcoin.

Esta unidad básica, como se mencionó anteriormente, lleva el nombre del creador de Bitcoin y se conoce como satoshi.

Se necesitan exactamente 100 millones de satoshis para formar un bitcoin completo.
Se deduce que podríamos aceptar y / o comprar todos los satoshis que queramos, sin necesidad de comprar un bitcoin completo, sabiendo que más de $20999949.9769 \times 10^8$ no se pondrán en circulación. Para aquellos que no están acostumbrados a pensar en términos de potencia, esto es alrededor de 21 millones multiplicado por otros 100 millones de unidades que realmente se pueden gastar.
Una cantidad aparentemente desproporcionada pero indudablemente más adecuada para un sistema monetario global, con más de 7 mil millones de usuarios potenciales.

PREGUNTA 8

¿CÓMO SE PRODUCEN BITCOINS?

Hemos dicho que habrá un máximo de alrededor de 21 millones de bitcoins (o 21 millones por cien millones de satoshis) en circulación. Pero, ¿cómo se "producen" estos bitcoins?

A menudo se nos hace creer que los bitcoins se generan de la nada gracias a una computadora, y que cualquiera puede crearlos con extrema facilidad.

Esta idea generalmente se transmite desde los detractores de la tecnología Bitcoin, por ignorancia o resentimiento hacia un sistema monetario alternativo y competitivo en comparación con el actual.

Bitcoin socava el papel del dólar como el principal medio de intercambio global y, por lo tanto, es comprensible que aquellos interesados en mantener el statu quo difundan estas falsedades.

Los bitcoins no se generan a partir de nada, sino que son asignados por el software que se ejecuta en los nodos del sistema (consulte el capítulo "*¿Qué es un nodo de Bitcoin?*").

Este software pone en circulación nuevos bitcoins, en promedio, cada 10 minutos, es decir, cada bloque de transacción encontrado.

Me doy cuenta de que esta oración es compleja, así que tratemos de aclarar el concepto de transacciones y bloques antes de llegar a la generación de nuevos bitcoins.

Aquellos que participan en la red Bitcoin pueden enviarse transacciones entre sí: Alice puede enviar a Bob cualquier cantidad de bitcoins en su poder.

La transacción de Alice con Bob se propaga, comenzando desde el nodo Alice hacia todos los nodos de la red, y se almacena temporalmente dentro de ellos en lo que se llama Mempool, una memoria temporal.
Cada nodo de la red tiene su propio Mempool.

PREGUNTA 9

¿Quién o qué son los mineros?

Hay nodos que, además de verificar las transacciones de red y asegurarse de que se respetan las reglas de Bitcoin, tienen otra característica: trabajan para el sistema y, específicamente, transcriben estas transacciones en el libro mayor compartido llamado blockchain, lo que las hace irreversibles.

¿Pero qué hacen exactamente?

Hemos dicho que Alice envía una transacción a Bob pero que, antes de llegar a ella, está "estacionada" en la mempool del primer nodo disponible.

Estos nodos especiales, llamados **mineros**, extraen transacciones colocadas en esta memoria temporal y las transcriben en una lista llamada bloque candidato. Cada minero crea su lista de transacciones y sus bloques candidatos. La transcripción es la parte más simple del difícil trabajo del minero.

El minero, de hecho, participa en una competencia con otros mineros: el objetivo de esta competencia es encontrar la solución a un problema criptográfico que es difícil de resolver pero fácil de verificar. Simplificando extremadamente el concepto - los invito a leer Dominando Bitcoin de Andreas Antonopoulos para conocer los detalles del procedimiento -, buscan un número, un código extremadamente complejo de encontrar, que es la solución a este problema.

Necesitan maquinaria muy poderosa y costosa para encontrar este número. Proceden por ensayo y error con un método llamado "fuerza bruta"; calculan el primer número, lo prueban y si no funciona bien lo descartan, calculan el segundo, lo prueban y si no es bueno lo descartan, y así sucesivamente. La dificultad para encontrar este único número correcto es tal que un minero puede encontrarlo en promedio ¡cada 10 minutos!

Imagine tener un problema matemático frente a usted: en lugar de resolverlo utilizando fórmulas estándar, sigue adelante por ensayo y error, porque no hay una fórmula que pueda proporcionarle la solución fácilmente.
Es como cuando nuestro cerebro tiene que multiplicar las tablas o potencias: inicialmente la dificultad es baja, hasta el punto de que podemos hacerlo automáticamente y de memoria; pero cuando los números aumentan, terminamos procediendo por ensayo y error, sumando o multiplicando.
Una vez que se ha encontrado la solución correcta, el minero la inserta en el bloque en construcción junto con las transacciones: el número es la prueba de que el minero realmente participó en la licitación y se llama "**Prueba de trabajo**". Luego, envía este bloque, ahora cerrado, a la red, para que sea verificado por los otros nodos.

Imagine la Prueba de trabajo del minero y la verificación por nodos como una ecuación matemática.

Immaginiamo la ricerca della Prova di Lavoro da parte del minatore e la verifica da parte dei nodi come un'equazione matematica.
Veamos un ejemplo muy simple basado en un sistema de ecuaciones:

$$\begin{cases} y = 2x \\ 4x + y = 12 \end{cases}$$

Se resuelve de esta manera:

$$\begin{cases} 4x + 2x = 12 \text{ y luego } 6x = 12 \\ x = 2, y = 4 \end{cases}$$

Pasamos un tiempo resolviendo esta ecuación, - muy poco, para ser sincero -, pero nos tomamos menos tiempo para verificarla.

Será suficiente reemplazar las dos cantidades desconocidas x e y con los números recién descubiertos dentro del sistema inicial.

Por lo tanto, **encontrar la prueba de trabajo es difícil, verificar es fácil**.

Además de la prueba de trabajo y las transacciones de algunos usuarios, el minero también realiza otra transacción, esta vez un poco especial: está configurado para enviar una cierta cantidad de bitcoins a la dirección del mismo minero, como recompensa por el trabajo hecho.

¿De dónde vienen estos bitcoins?
Son en parte nuevos y en parte compuestos por comisiones pagadas por quienes envían una transacción. Más adelante veremos qué significa esto: por ahora solo tenemos que entender que los bitcoins, asignados por el minero ganador a sí mismo, se denominan **recompensa** y esto se compone de nuevos bitcoins (**subsidio**) y comisiones (**fees**).

De hecho, el minero ganador se los asigna a sí mismo.

Pero, ¿cuántos son estos nuevos bitcoins?

Si la elección fuera libre, el minero trataría de asignarse el mayor número posible de bitcoins respetando solo el límite total de 21 millones. Afortunadamente, las reglas de Bitcoin son estrictas y la asignación de nuevos bitcoins es predecible.

Al comienzo de la historia de Bitcoin, el minero podría asignar 50 bitcoins para cada bloque. La dificultad para calcular la Prueba de trabajo era muy baja, como una ecuación simple.
En consecuencia, un minero con buen hardware podría encontrar muchos PoW en un día y se asignarían 50 bitcoins aproximadamente cada 10 minutos. En ese momento, el bitcoin no tenía valor económico y aquellos que minaban técnicamente lo hicieron a pérdida, solo para mantener el sistema funcionando, por altruismo o por convicción de que el valor de Bitcoin, y en consecuencia de sus bitcoins, sería reconocido mañana.

Cuatro años después de que comenzó la red, algo cambió.

El número de nuevos bitcoins asignados por el minero a sí mismo se redujo a la mitad.

¿Fue este un castigo autoimpuesto?

No. El sistema está diseñado así.

De hecho, cada cuatro años, la cantidad de nuevos bitcoins que un minero puede asignarse a sí mismo se reduce a la mitad: en 2012 se convirtió en 25.

Este llamada **halving** reduce la inflación de bitcoin y, como efecto secundario, tiende a aumentar el valor de cada BTC, porque las unidades se vuelven más escasas. En 2016, el subsidio para los mineros bajó a 12.5 por bloque, en 2020 será de 6.25, en 2024 será de 3,125, y así sucesivamente.

¿Qué sucede si el minero asigna más bitcoins de los previstos por el sistema?

Muy simple. El bloque no sería aceptado; los nodos lo considerarían inválido porque no respetaba las reglas de la red.

No puedes hacer trampa.

¿Qué pasa si el minero se asignó menos bitcoins de los que debe?

Parece imposible, porque los sistemas de minería están automatizados, pero esto ya ha sucedido. En 2011, un minero, conocido por el apodo de Midnightmagic, se asignó 49.99999999 bitcoins en lugar de 50 como subsidio por un bloque que descubrió. [19]
Ese satoshi no asignado se considera perdido para siempre, porque nadie puede asignar más bitcoins que los establecidos por las reglas de la red. Si Midnightmagic se hubiera asignado 50.00000001 bitcoins, habría invalidado el bloque.

Paradójicamente, si los mineros comenzaran a asignarse menos bitcoins de los que merecían, los BTC en circulación se reducirían y el valor por unidad aumentaría.

En resumen, a Midnightmagic y a todos aquellos que cometen ciertos errores les decimos: "Sentimos su pérdida, gracias por la deflación".

¿Qué les sucede a los otros mineros que pierden la carrera?

El minero que adivina el número correcto, la solución al problema criptográfico en el que todos los mineros estaban trabajando y compitiendo, gana la oportunidad de "cerrar" el bloque, insertarlo en la cadena de bloques con los beneficios descritos anteriormente.

¿Qué hacen los otros mineros?

Los otros mineros también son nodos (o dependen de ellos), por lo tanto, reciben el bloque que contiene la solución y lo verifican. Si el bloque es válido, inmediatamente dejan de trabajar en la solución del problema anterior y comienzan a trabajar en un nuevo problema, contenido dentro de este mismo bloque.
El minero que adivinó la respuesta al acertijo anterior y propuso el nuevo problema criptográfico no conoce la solución y, por lo tanto, también puede participar en la nueva licitación.
¡No hay posibilidad de hacer trampa e insertar en el bloque problemas criptográficos de los cuales ya se conoce la respuesta!

¿Pueden los mineros trabajar juntos para compartir ganancias?

¡Absolutamente sí!

La dificultad minera ahora es muy alta. Los mineros necesitan máquinas muy potentes y en grandes cantidades para poder tener alguna oportunidad de encontrar la prueba de trabajo correcta y obtener la recompensa. Esta necesidad significó que la minería de Bitcoin se convirtió en una industria real y se crearon grandes centros de minería profesionales.

Sin embargo, esto no significa que el usuario no profesional esté desconectado del sistema.

Desde hace algunos años, de hecho, muchos mineros aficionados, además de invertir una cierta cantidad de dinero en la compra de maquinaria minera especializada llamada ASIC, han decidido colaborar entre sí, creando grupos coordinados.

Estos grupos se denominan agrupaciones de minería (**pools**): el nodo de la agrupación recibe, como todos los nodos, el bloque que contiene el problema criptográfico y su software divide el problema en muchos paquetes pequeños que envía a los diversos mineros conectados a él.
Procesan su parte del problema y envían los resultados al pool. Cuando un minero descubre la solución correcta, la recompensa se otorga a quien administra el pool y este lo comparte entre todos los participantes de manera justa, en función del poder proporcionado por cada uno, además de mantener una parte de la recomensa como comisión (fee).

Digamos que soy minero y participo en un pool que tiene 100 participantes y una tarifa del 1%. Mi hardware aporta el 5% de la potencia total.
Si encuentro la solución al problema criptográfico, obtengo el 5% de la recompensa a la que el propietario del pool ha tomado el 1% como ganancia. Prefiero minar junto con otros porque nunca habría descubierto la solución por mí mismo: habría tenido que resolver un problema que era demasiado grande y difícil, mientras que cooperando con otros mineros tuve que resolver muchos problemas más pequeños y simples a la vez.

PREGUNTA 10

¿Cómo sobrevivirán los mineros cuando todas los bitcoins sean minadas?

La reducción del subsidio debido al minero disminuye inexorablemente y terminará. No es posible proceder con un halving infinito y el famoso límite de 21 millones de bitcoins se ha impuesto como suministro total.

Se estima que después de la 32o halving, el subsidio para los mineros será de 1 satoshi por bloque, mientras que ya no habrá ningún nuevo satoshi a partir de 2140.

Entonces, ¿qué incentivo tendrán los mineros para continuar minando?

Cuando un minero construye un bloque, elige las transacciones de varios usuarios y las inserta en su lista (su **bloque candidato**). Sin embargo, estas transacciones contienen otro incentivo monetario, llamado **comisión de minería**. Cada usuario puede establecer una comisión para atraer al minero a incluir su transacción en el primer bloque disponible.

Imaginemos que Alice quiere enviar 1 bitcoin a Bob: para asegurarse de que la transacción llegue a Bob lo antes posible, decide incluir en este último una comisión de 10,000 satoshis. Luego, Alice enviará 1.0001 bitcoins a Bob, incluido 1 para Bob y 0.0001 para el minero.

Se puede deducir que el minero querrá crear bloques con transacciones que contengan tarifas generosas, dejando las transacciones de comisiones más bajas a los siguientes bloques. Por lo tanto, la recompensa total que le corresponderá al minero que gane la competencia minera será X nuevos bitcoins + Y bitcoins ya en circulación, donde Y es la suma de todas las tarifas de transacción dentro del bloque en construcción.

Tomemos un ejemplo práctico.

Un minero, un día en 2019, crea un bloque candidato en el que hay 500 transacciones, con un promedio de 1,000 satoshis como tarifa por transacción. Su recompensa será de 12.5 bitcoins (nuevo, subsidio) + 500,000 satoshis ya en circulación (tarifas), o 12.50500000 bitcoins.

Si el bitcoin tiene un precio de 10.000 USD, la recompensa por este bloque será 125.050 USD.

Con la reducción de la recompensa en cuanto a nuevos satoshis, el papel de las tarifas mineras será cada vez más importante. Por esta razón, se supone que los mineros otorgarán una prioridad cada vez mayor a las transacciones que contengan una tarifa más alta.

Aparentemente, esto podría ser malo, porque obligaría a Alice a gastar cantidades cada vez mayores para pagarle a Bob. De hecho, si recuerdas, dijimos que el objetivo principal detrás de la creación de Bitcoin era tener un sistema monetario descentralizado cuyas transacciones fueran irreversibles.

Se debe pagar la descentralización característica del sistema y su seguridad.

¿Esto significa que es imposible usar Bitcoin para realizar micro transacciones?

Digamos que, al principio, Bitcoin era un sistema monetario barato, útil para reducir los costos derivados de la presencia de un tercero confiable en el clásico sistema monetario digital. El motivo es simple. El precio por unidad individual era insignificante, incluso menos de 1 USD, y el valor del único satoshi ni siquiera era calculable.

Por lo tanto, podría usarse en micro transacciones porque, si el costo de 1 kg de pan fuera de 3 bitcoins (o 3 USD), podría permitirse gastar 0,0001 bitcoins de comisiones (en el ejemplo, 0,0001 USD).

Sin embargo, después de un corto período de tiempo, estaba claro que **un sistema, para ser descentralizado, seguro y también barato, de alguna manera debe escalar.**

Si el bitcoin vale mucho, las tarifas también aumentan de valor teniendo en cuenta la misma cantidad de satoshis gastada. Si entonces la recompensa de los mineros disminuye, además de tener el valor de las tarifas en aumento, los satoshis necesarios para acelerar las transacciones también aumentan.

Por lo tanto, es necesario que el sistema escale; es decir, se adapte a la mayor cantidad de transacciones y a la menor cantidad de nuevos bitcoins para los mineros, y eso en consecuencia permite reducir el precio por transacción en lugar de aumentarlo con el tiempo.

La primera solución, sugerida por el propio Nakamoto, fue aumentar el número de transacciones que podrían insertarse en cada bloque, mediante un aumento en el tamaño ocupado por el bloque dentro de la cadena de bloques (tamaño de bloque).

De hecho, Satoshi había insertado un límite para el tamaño del bloque (1 MB), para evitar que la red de Bitcoin se llenara de transacciones spam al comienzo de su historia, y en consecuencia se bloqueara, perdiendo de inmediato su utilidad como un sistema de pago alternativo.

Sin embargo, si este cambio se hubiera realizado en el protocolo y este límite se hubiera eliminado o hecho variable, podrían haberse producido dos problemas graves: el primero, ya mencionado, habría sido la posibilidad de insertar transacciones de spam dentro de la cadena de bloques, aumentando el peso de este último y ralentizando la red. Pero no solo eso; además, a los mineros se les habría permitido hacer trampa.

De hecho, un minero podría haber generado transacciones falsas con el único propósito de llenar rápidamente el bloque y realizar primero a la Prueba de trabajo, asegurandose la recompensa.

La carrera hacia bloques cada vez más grandes habría resultado en la creación de posibles bloques de spam como se mencionó anteriormente, lo que habría sido cada vez más difícil de verificar y habría requerido una capacidad de disco cada vez mayor para ser almacenado.

Como los mineros llevaron a cabo una carrera de hardware para extraer bloques de 1 MB con dificultades cada vez más altas, también se habría producido una especialización en la verificación del bloque.

Hoy cualquiera que use hardware de bajo rendimiento puede verificar las transacciones. En una realidad donde los bloques no tienen límites de tamaño, en cambio, solo unos pocos nodos permanecerían activos.

La descentralización se convertiría en una utopía.

En resumen, incluso Satoshi estuvo equivocado.

Pero hay otro método para aumentar la cantidad de transacciones posibles, mientras se hacen menos costosas y se mantiene la descentralización del sistema.
Este método consiste en usar la red de Bitcoin con su blockchain como una capa base para garantizar la descentralización e irreversibilidad de las transacciones, y crear capas de código por encima de ella para intercambiar valor directamente entre pares, sin recurrir a un procedimiento de minería.

La primera y más famosa segunda capa de Bitcoin se llama Lightning Network y la exploraremos en un capítulo dedicado.
Este enfoque multinivel, que utiliza Bitcoin como una red "estática", cuyas modificaciones al protocolo son raras porque el objetivo final es preservar la descentralización, es la base del concepto de LNP / BP, que aclararemos, también en este caso, en un capítulo específico.

Sin embargo, tenga en cuenta que afirmar que la mayoría de las transacciones de Bitcoin tienen que pasar a una capa secundaria para escalar, ¡no significa que en el futuro el tamaño de los bloques no pueda o no deba aumentarse! Simplemente deberíamos proceder con un enfoque cauteloso para preservar el nivel de descentralización alcanzado por Bitcoin, con el objetivo de saturar la red base hasta que realmente haya una necesidad de soluciones de escalabilidad en la cadena, - nunca ajustar lo que funciona -, y sobre todo desarrollar capas completamente secundarias, que pueden usarse a plena potencia tal vez en diez o veinte años, pero será eficiente, seguro y estará disponible para miles de millones de personas y máquinas.

Nota de Giacomo Zucco: "En realidad, la adopción de SegWit ha llevado a lo que, para simplificar, podríamos definir un aumento en la capacidad de los bloques. El tamaño del bloque es siempre de alrededor de 1 MB, mientras que el peso del bloque, un nuevo parámetro introducido con la bifurcación suave SegWit, puede alcanzar los 4 MB.

Para obtener más información, lo invito a leer el artículo sobre el tamaño del bloque Segwit de Jimmy Song (*Understanding Segwit Block Size* [20])."

PREGUNTA 11

¿Cómo hacer una transacción?

Los bitcoins, pensados como monedas en el sentido clásico del término, no existen: cuando se intercambian bitcoins, en realidad se actualiza un registro público que certifica la propiedad (la cadena de bloques), firmando transacciones con su clave privada. Estos son los únicos datos realmente en su posesión. Entonces, no mueves bitcoins sino que actualizas su propiedad.

Para comprender el funcionamiento del modelo utilizado por Bitcoin para enviar las "monedas", recomiendo leer *Mastering Bitcoin de Andreas M. Antonopoulos*, que explica con precisión el concepto de salida y entrada de una transacción y cómo se lleva a cabo técnicamente en todos sus aspectos. etapas.

Aquí veremos, en cambio, cómo se llevan a cabo estas transacciones desde el punto de vista del usuario, sobre todo el que es principiante o quiere cambiar dinero de inmediato.

Transacciones en blockchain

Las transacciones de blockchain se consideran actualmente transacciones clásicas y constituyen la gran mayoría de los movimientos de bitcoin dentro del sistema.

En el futuro, estas transacciones probablemente se realizarán en capas especiales creadas sobre Bitcoin, llamadas "capas de transacción". En los capítulos *¿Qué es Lightning Network?* y *Comparación entre TCP / IP y LNP / BP* explico mejor qué se entiende por esta definición.

Veamos cómo se llevan a cabo estas transacciones clásicas.

Para este ejemplo, usaré la billetera Edge de Airbitz Inc. pero los pasos son casi los mismos para Bitcoin Core o para cualquier otro tipo de billetera que elija usar.

Digamos que Alice quiere enviar 1 bitcoin a Bob y tiene la intención de ejecutar una transacción en blockchain.

Alice abrirá su billetera BTC en la que tiene fondos y hará clic en Enviar.

Aquí tendrá que ingresar la dirección pública de Bob y especificar la cantidad que se le enviará.

Si recuerdas, en el capítulo ¿*Quién creó Bitcoin?* hablamos de claves públicas y claves privadas.

49

La dirección pública de Bob es una cadena alfanumérica derivada de su clave pública: puede imaginar la dirección pública como un IBAN.

Ejemplo de dirección pública *39EVqFcspspQRgNKPuugsbGrn5NN5QvUT9.*

Cuando realiza una transferencia bancaria con su banco, inserta el nombre y el apellido (o el nombre de la empresa) y el IBAN en el campo del destinatario, para asegurarse de que los fondos realmente vayan al destinatario correcto.

En Bitcoin es como si estuviéramos usando un IBAN desechable, que es una dirección pública que cambiaremos de vez en cuando por razones de seguridad y privacidad.

Ahora Alice verá que, al establecer 1 BTC como la cantidad a enviar, la aplicación calculará una tarifa de minería que Alice tendrá que pagar.

Esta comisión de envío se paga a los mineros que ingresarán en la transacción en la cadena de bloques de Bitcoin (consulte el capítulo *¿Quiénes o qué son los mineros?*).
Esta tarifa es un valor que el usuario puede establecer: cuanto mayor sea,

mayor será la posibilidad de que la transacción se inserte en el primer bloque disponible y, por lo tanto, se confirme rápidamente.

Alice en este caso, usa una buena billetera y, por lo tanto, puede elegir por sí misma cuánto pagar a los mineros. Como no tiene prisa y Bob puede esperar 1 día para confirmar la transacción, Alice decide pagar una comisión baja. Todo lo que he descrito se ejecuta en segundo plano sin mostrárselo al usuario, así que no tenga miedo, el proceso es mucho más simple y rápido.

Supongamos que la transacción de 1 BTC realizada por Alice a Bob pesará 250 bytes en la cadena de bloques de Bitcoin y que Alice, al hacer clic en Baja Comisión, determina indirectamente gastar 5 satoshis por byte. La aplicación calculará la comisión que Alice tendrá que pagar simplemente multiplicando 5 * 250 bytes.

Cuando Alice se mueva a la pantalla de envío, verá que, para una transacción de 1 BTC, tendrá que pagar 1.250 satoshis, o 0.00001250 BTC. En total, por lo tanto, pagará 1.00001250 bitcoins, de los cuales 1 a Bob y 0.00001250 al minero que insertará la transacción en la cadena de bloques.

¿Por qué tiene que pagar una comisión cuando envía dinero?

Cuando realiza un pago digital, probablemente esté acostumbrado a pensar que las transacciones no implican tarifas de servicio: en realidad, cuando paga con su tarjeta de crédito / débito, estas comisiones están cubiertas por el destinatario del pago, por ejemplo, el comerciante de quien usted comprar zapatos.

No debe pensar en las transacciones en Bitcoin como una alternativa a las de los circuitos Visa, Mastercard, etc.

Usé el término IBAN cuando hablé de un discurso público y lo hice con pleno conocimiento de los hechos.

Las transacciones básicas de Bitcoin (a través de blockchain) son mucho más similares a las transferencias internacionales. De hecho, si se compara con las transferencias entre países que no tienen relaciones comerciales consolidadas o que no están en la misma área de libre comercio (p. Ej. la Union Europea), ¡las transacciones de Bitcoin son mucho más baratas!

Alice ahora revisa la transacción y la autoriza si cree que las comisiones son aceptables. Si se hiciera una transacción de este tipo mientras escribía, Alice tendría la posibilidad de transferir un valor equivalente de alrededor de 10,000 dólares pagando una comisión de 12.5 centavos. Yo diría, ¡más que barato!

Entonces, si consideramos que Bob podría estar en cualquier parte del planeta, incluso a varias horas de distancia de Alice, y probablemente recibiría esta gran cantidad de dinero en menos de un día y con total autonomía, diría que las ventajas de Bitcoin en comparación con los sistemas digitales clásicos son obvios.
Bob recibe 1 bitcoin de Alice y puede gastarlo porque puede firmar futuras transacciones con la clave privada correspondiente a la dirección que recibió los fondos: puede demostrar que es el propietario de esa dirección y que tiene derecho a mover el dinero.

Desde la perspectiva del usuario, el proceso es mucho más simple. Si Bob quiere gastar ese dinero, puede hacerlo de la misma manera que Alice. Su billetera realizará un procedimiento que no se le mostrará a Bob y que explicaré brevemente a continuación.
Una vez que se reciben estos fondos, la billetera los mostrará "por llegar" pero aún no confirmados. Después de un tiempo, la transacción se escribirá en la cadena de bloques y luego la billetera los mostrará "confirmados".
Bob podrá gastar estos fondos incluso cuando estén en el estado "por llegar", pero digamos que necesita gastarlos unos días después de su confirmación.

El monedero de Bob contiene la llave privada correspondiente a la dirección pública que usó con Alice: cuando Bob quiere gastar sus bitcoins, el monedero firmará la transacción con esta llave privada, autorizando efectivamente el pago, porque mostrará que puede mover los fondos. Solo esta llave privada puede realizar transacciones con los fondos de esa dirección pública.

Si lo piensa, esto es similar a lo que sucede con el sistema criptográfico de clave pública (RSA) para enviar un mensaje codificado en un canal inseguro. Con el sistema RSA, Alice podrá cifrar el mensaje con la clave pública de Bob y enviarlo públicamente. Bob será el único capaz de leer el contenido del mensaje porque será decodificable solo gracias a su clave privada, que guardó celosamente (vea *¿Quién creó Bitcoin?*).

Las transacciones de blockchain tienen un nivel muy alto de seguridad con respecto a la irreversibilidad de las mismas, pero requieren un tiempo para ser confirmadas por la red y, sobre todo, como hemos visto, implican tarifas que pueden ser muy altas y que aún serán más, si miramos el valor equivalente en dólares, si el precio del bitcoin aumentara nuevamente.

Transacciones a través de Lightning Network

Lightning Network es un protocolo de pago que representa una segunda capa por encima de la capa base de Bitcoin.

Entraremos en el capítulo dedicado, pero por el momento veamos de esta manera: Bitcoin es la capa base, la que garantiza la seguridad del sistema y la irreversibilidad de las transacciones. Lightning es una red de canales de pago, lo que garantiza la escalabilidad (se pueden realizar millones de transacciones por segundo contra aproximadamente 7 transacciones de Bitcoin en la cadena), velocidad (no se deben esperar confirmaciones de red), privacidad (los pagos se realizan directamente entre dos usuarios) y conveniencia (no se pagan comisiones a los mineros, de hecho, podrían tener transacciones completamente gratuitas).

Haciendo una comparación arriesgada, Bitcoin es a las transferencias electrónicas internacionales como Lightning Network es a Visa y Mastercard.

Lightning Network, debido a la ausencia del papel de los mineros en las transacciones, es muy útil para los micropagos, es decir, la mayoría de las transacciones que tienen lugar en la vida cotidiana.

Digamos que Alice tiene que pagarle a Bob, su panadero de confianza, 100 satoshis por 1 kg de pan. Alice necesitará usar un monedero compatible con Lightining Network.

En este ejemplo, Alice usa BlueWallet, pero tenga en cuenta que se trata de una billetera de custodia parcial, por lo que si desea probar algunas transacciones en Lightning Network con esta billetera, asegúrese de no tener demasiados satoshis en él. Un usuario avanzado también puede usar BlueWallet de manera no custodiada, vinculado el monedero a su nodo completo personal.

Bob le mostrará la factura (**invoice**) a Alice y, con su monedero compatible con Lightning Network, generará una factura de 100 satoshis.

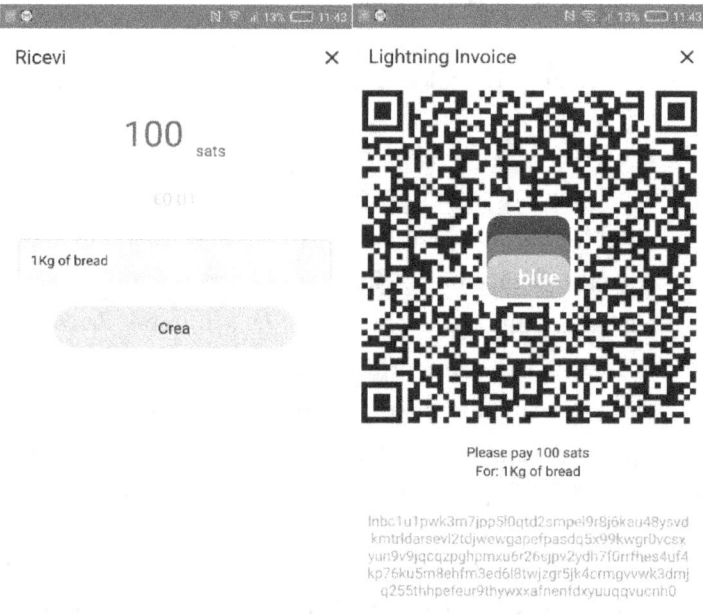

Alice abrirá su monedero: escaneará el código QR del monedero de Bob y hará clic en Enviar. Hecho.

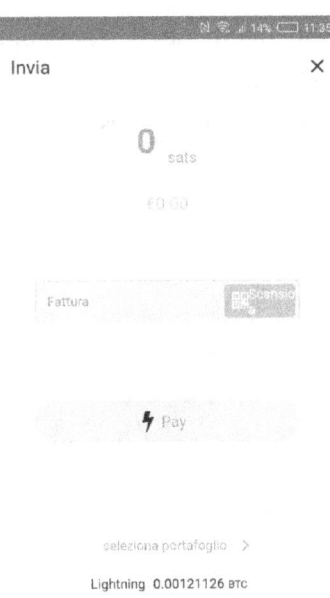

Bob recibirá los fondos en unos segundos y estos ya serán gastables de manera segura, ya que no tendrán que registrarse inmediatamente en la cadena de bloques de Bitcoin.

Habrás notado que en este tipo de transacción no es Alice quien debe establecer directamente cuántos satoshis enviar y a qué dirección pública, sino que es Bob quien debe crear una factura única que, una vez pagada, ya no será reutilizable. La factura quedará inutilizable incluso si no se paga después de unos minutos después su creación.

Actualmente, las transacciones en Lightning Network se realizan poco y la red aún está en desarrollo; todavía tienen un nivel de seguridad más bajo que las transacciones en la blockchain en términos de su irreversibilidad; pero son más rápidos, orientados a la privacidad y, sobre todo, inclusive permiten mover cantidades muy pequeñas de dinero sin comisiones o casi gratis, lo que no es factible con transacciones en la capa base. Incluso le permiten realizar pagos en sub-satoshi, eliminando efectivamente cualquier problema de liquidez futuro en el sistema Bitcoin (consulte el capítulo *El "peligro" de deflación en Bitcoin*).

En los próximos años, probablemente, se crearán monederos mucho más simples que elegirán automáticamente el tipo de transacción que se realizará, con el máximo ahorro de tiempo y comisiones para el usuario.

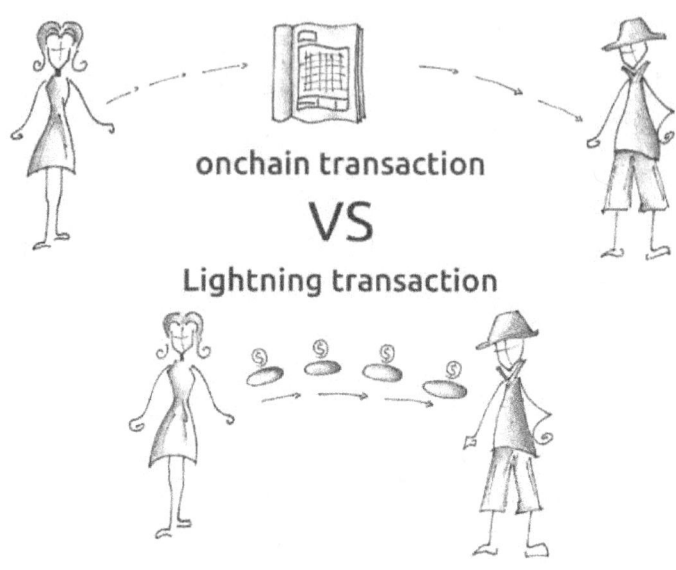

PREGUNTA 12

¿CÓMO ALMACENO BITCOINS?

Incluso si realmente no posee archivos llamados bitcoins, sino más bien una especie de "certificado de propiedad" que le permite poner en movimiento estas "monedas digitales", podemos simplificar diciendo que los bitcoins se almacenan en un monedero electrónico. El monedero puede ser una aplicación en su teléfono inteligente o un software en su computadora. Esta aplicación contiene sus direcciones públicas, que son cadenas alfanuméricas, a través de las cuales puede "recibir" bitcoins (análogos al conocido IBAN bancario) y claves privadas, que se mantendrán ocultas (similares a sus credenciales bancarias).

La llave privada certifica su propiedad, por lo que si pierde eso no podrá recuperar sus bitcoins.

A través de la llave privada, su monedero puede calcular el presupuesto gastable y puede verificar nuevas transacciones.

La gran mayoría de los monederos no muestran las llaves privadas al usuario para evitar que las compartan, pero si son monederos sin custodia, permiten que el propietario las exporte y las guarde en otro lugar.

Algunos usuarios prefieren mantener sus fondos en monederos que no permiten esta copia de seguridad de llave privada: se llaman monederos de custodia y son sistemas centralizados, análogos a los bancos clásicos pero a menudo con un sistema de seguridad mucho menos eficiente que los últimos.

PREGUNTA 13

¿Qué es una bifurcación (fork) de Bitcoin?

En informática, el término bifurcación se refiere al desarrollo de software basado en el código fuente de un proyecto anterior.

En Bitcoin hay diferentes tipos de forks: consideramos las bifurcaciones suaves (**soft fork**), las bifurcaciones fuertes (**hard fork**) de Consenso y las **bifuraciones duras sin Consenso**.

Las bifuraciones suaves están hechas para introducir una nueva funcionalidad en el protocolo de Bitcoin mientras se preserva la compatibilidad con la cadena previa de la nueva versión.
La bifurcación suave más importante del último período fue la introducción de SegWit (Segregated Witness o Testigo segregado), cuyo objetivo principal era la resolución del problema de maleabilidad [21] de Bitcoin y que, como efecto secundario, "racionalizó" el peso de transacciones dentro del bloque. No hay problemas de compatibilidad: los monederos que no son SegWit, cuyas direcciones generalmente comienzan con 1, pueden enviar bitcoins a direcciones SegWit, reconocibles porque comienzan con el número 3 o con bc1, y los monederos SegWit pueden enviar BTC a direcciones que no son SegWit.

Birfurcación fuerte por Consenso

Las bifurnaciones fuertes impulsadas en Consenso de la comunidad generalmente se realizan para la resolución de fallas graves en el código o para la introducción de una nueva característica que no es compatible con el código anterior.

Supongamos que en el futuro será necesario aumentar el tamaño de los bloques de Bitcoin para aumentar la escalabilidad de la cadena, es decir, el número de transacciones para cada bloque particular. Quienes propongan este cambio buscarán obtener el consenso de los nodos de la red.

El cambio podría ser inicialmente bien recibido y los desarrolladores podrían escribir nuevas versiones del software que contengan este aumento en el tamaño del bloque (por ejemplo, una nueva versión de Bitcoin Core).

Ahora el "voto" pasa a manos de quienes mantienen los nodos: si aceptan el cambio, instalarán la nueva versión de la aplicación, de lo contrario continuarán usando la versión actual, rechazándola.

Cuando los nodos comienzan a instalar el nuevo software, el "derecho al voto" pasa a los mineros.

Se establecerá una fecha en la que los cambios serán operativos y los mineros tendrán que elegir qué cadena minar: la principal, sin modificación, o la nueva bifurcación. La cadena que obtendrá más potencia de minado se considerará la principal.

Por lo tanto, si la bifurcación tendrá el apoyo de la comunidad de desarrolladores, luego de los nodos y finalmente de los mineros, habrá obtenido el Consenso y se llamará "cadena principal".

No hace falta decir que si faltara uno de estos "con derecho a voto", la bifurcación fallaría.

Bifurcación fuerte sin Consenso

Técnicamente hablando, una bifurcación fuerte sin Consenso no existe y simplemente se define como una bifurcación fallida.

De hecho, los desarrolladores definen solo las bifurcaciones que tuvieron lugar con éxito y, por lo tanto, de acuerdo con el Consenso, como "hard fork".

Los nodos tienen el mayor nivel de importancia en Bitcoin: si los mineros respaldan una bifurcación fuerte pero la mayoría de los nodos la rechaza, es muy probable que el activo bitcoin de la cadena original mantenga un valor económico más alto que el de la cadena más larga y con mayor poder de minado de la cadena secundaria. La disminución en el valor de bitcoin de la nueva cadena tendría repercusiones en los mineros, que tendrían menos ganancias para continuar minando esta cadena de bloques y, por lo tanto, se verían obligados, por interés económico, a cambiar su poder de minado sobre la anterior.

Un ejemplo reciente ocurrió con una bifurcación de Bitcoin Cash, también una bifurcación de Bitcoin que tuvo lugar sin Consenso. La nueva cadena llamada BSV inicialmente tenía más hashrate (potencia de minado) que el antiguo BCH (Bitcoin Cash) y su cadena siguió siendo la más larga durante unos días. Sin embargo, la mayoría de los nodos de Bitcoin Cash no admitieron la nueva bifurcación y esto condujo a una disminución significativa en el precio de los nuevos activos de BSV, con las consecuentes enormes pérdidas económicas por parte de los mineros.
Ahora, la cadena Bitcoin Cash es nuevamente la más larga, tiene más hashrate que la de BSV (más del doble) y el activo tiene un dominio de mercado de aproximadamente 2% contra 0.9% de BSV.

Claramente, estos dos forks, habiendo tenido lugar sin Consenso, no representan la cadena principal de Bitcoin, cuyo activo BTC tiene un dominio del mercado de aproximadamente el 70%.

Dijimos que Bitcoin es un proyecto de código abierto y que cualquiera puede usar el código para muchos propósitos diferentes.

También hemos dicho que cuando no se respeta el Consenso y las modificaciones al protocolo se llevan a cabo de todos modos, estos, a pesar de ser rechazados por la mayoría de los nodos de Bitcoin, crean una bifurcación del código, llamada bifurcación dura sin Consenso.

¿Qué significa esto para nosotros, los partidarios de Bitcoin (la cadena principal) y para nuestros bitcoins?

Absolutamente nada.

La cadena original no se ve afectada por los cambios y nuestros bitcoins permanecen seguros.

Lo que sucede es que la cadena se divide, se genera una nueva cadena y esta continúa su camino independientemente de Bitcoin.

Puede suceder que, si el proyecto de modificación implica la creación de una nueva cadena en competencia con la anterior, se cree un nuevo activo: en el caso de la bifurcación no consensuada de 2017, se creó el activo de bitcoin cash (BCH).

Los titulares de Bitcoin de repente se encontraron en posesión de dos activos: bitcoin (BTC) y bitcoin cash (BCH). El primero mantuvo su valor económico, el segundo valor perdido en comparación con el primero.

Sin embargo, los usuarios tuvieron la oportunidad de decidir si mantener ambos activos, vender uno a favor del otro o simplemente ignorar el segundo.

Personalmente, decidí apoyar solo a la cadena principal y respetar el Consenso, así que vendí mis pocos satoshis BCH a favor de mi precioso satoshis bueno (BTC).

Nota de Giacomo Zucco: "La analogía con un voto, aunque adecuada para proporcionar una imagen comprensible de la dinámica compleja del Consenso a lectores no expertos, es ciertamente simplista y no debe tomarse demasiado literalmente. Las elecciones realizadas en la fase de desarrollo de software no tienen lugar a través de un voto "democrático", sino con un proceso complejo basado en el mérito similar a los adoptados típicamente por muchos protocolos abiertos (por ejemplo, Internet), basados en conceptos como el "Consenso general" y descrito en parte, por ejemplo, en el artículo de Jameson Lopp *Who Controls Bitcoin Core?* [22].

Incluso el llamado "voto" de los nodos no debe considerarse como tal en sentido literal, por ejemplo, debido al hecho de que el mero "número de nodos" no representa una métrica verificable (la verdadera métrica, que solo puede ser reconstruido ex post y no es estrictamente cuantificable, se refiere al peso económico de una institución que recibe fondos utilizando un nodo de Bitcoin para la validación).

Finalmente, incluso el llamado "voto" de los mineros, en lo que respecta al hashrate relativo, a diferencia del "número de nodos", una métrica objetiva y medible, no representa en absoluto un proceso de decisión "democrático", pero es en su lugar, se concibió correctamente como un mecanismo de "señalización de preparación", con connotaciones puramente técnicas, incluso si ha habido intentos de retratarlo como un voto "político"."

PREGUNTA 14

¿Cómo reconocer los bitcoins falsos por los verdaderos?

Aquellos que quieran seguir una nueva cadena podrán hacerlo, pero si intentan enviar bitcoins alternativos a la cadena principal, estos no serán reconocidos como válidos.

De hecho, esta es una forma de distinguir entre bitcoins "reales" y "falsos" y es similar a lo que sucede en los sistemas de pago centralizados.

La cadena del USD se puede dividir si un estado adopta el dólar y luego crea su propia moneda local.

Compartir el nombre, incluso si la misma "cadena" no se compartió inicialmente, a menudo ocurre en la esfera monetaria: piense en el dólar de Zimbabwe cuyo valor ni siquiera es remotamente comparable al dólar estadounidense, o, sin ir al otro lado del mundo, al dólar canadiense, que vale aproximadamente 0,76 USD.

Por lo tanto, es fácil reconocer dólares diferentes, pero puede ser complicado distinguir dólares falsos incluso si siempre parecen USD: con Bitcoin esto no puede suceder porque la red no acepta bitcoins falsos.

PREGUNTA 15

¿Qué es la cadena de bloques (blockchain)?

Técnicamente hablando, **la blockchain es el libro mayor de bloques validados del protocolo Bitcoin.**

Ahora necesitamos profundizar, porque es un concepto difícil de entender, ya que la mayoría de nosotros estamos acostumbrados a realizar transacciones en efectivo en el mundo real y, cuando se trata de transacciones digitales, no está claro cómo suceden.

Veamos juntos cómo se realizan las transacciones digitales y cómo llegamos a la definición de blockchain mencionada anteriormente.

Si recuerda el ejemplo sobre la transacción entre Alice y Bob, dijimos que en las transacciones digitales clásicas hay un tercero que autoriza el pago. Bueno, lo que hace, en resumen, no es más que actualizar el registro interno que contiene los movimientos de Alice y enviar la solicitud de actualización al banco de Bob, que actualizará el saldo de este último.

Por lo tanto, no hay archivos (o tokens) transferidos entre un banco y otro, y mucho menos efectivo transferido físicamente de una parte a otra por medio de un servicio de entrega.

Estos son libros contables numéricos puros y relativamente simples.

Entonces, pasemos a blockchain, un registro que no necesita un tercero de confianza, y analicémoslo.

Una primera definición de blockchain podría ser la siguiente: una lista distribuida y descentralizada de datos digitales insertados respetando un orden temporal. Entenderás bien que te he dicho todo y nada.

¿Qué datos? ¿Una lista distribuida entre quién? ¿Qué tan descentralizado? ¿Qué orden temporal? ¿Establecido por quién?

En resumen, tal definición plantea más preguntas que respuestas.

Un libro mayor distribuido

El concepto de libro mayor distribuido (DLT o tecnología de libro mayor distribuido) es muy genérico y se refiere a una tecnología que permite que los datos se almacenen de forma distribuida, evitando la centralización en un solo servidor grande, que si se ataca podría provocar la caída de todo sistema y la consiguiente pérdida de los datos en sí.

La tecnología de libro mayor distribuido está descentralizada en la gestión de datos, pero no implica necesariamente la descentralización de la organización que la adoptó o creó. Potencialmente, ya puede ser utilizado por su banco.

La cadena de bloques

Satoshi Nakamoto introdujo el concepto de "cadena de bloques" (más tarde cadena de tiempo (timechain), luego block chain y finalmente blockchain) en 2008, en su documento "*Bitcoin: Un Sistema de Efectivo Electrónico Usuario-a-Usuario*" [1]: para garantizar que pudiera existir un sistema monetario completamente digital que no pudiera ser atacado por terceros, como hackers, gobiernos e instituciones privadas, era necesario encontrar una manera de descentralizar la gestión de la red y la emisión de unidades monetarias. También era necesario que el nuevo sistema no permitiera al usuario gastar el mismo dinero varias veces, así como no es posible que la misma persona pague dos veces con el mismo billete.

Pero me estoy repitiendo porque ya hemos visto, en los primeros capítulos, qué es Bitcoin y por qué se creó.

Así que aquí está la idea de usar un sistema de validación de "bloque".

Ya hemos visto que el bloque es creado por un minero y es, en esencia, el conjunto de algunas transacciones realizadas por los usuarios, una transacción que le paga al minero por el trabajo realizado y la Prueba de trabajo que descubrió.

Pero el bloque tiene algo más dentro:

- **Una especie de índice que lo vincula al bloque anterior**
- **El problema que los mineros tendrán que resolver y que estará vinculado al siguiente bloque.**

Simplificamos imaginando el bloque como la página de un libro que tiene miles de páginas más.
Si no tiene un número de página y se elimina del libro junto con otros, sería difícil, sino imposible, volver a colocarlo en su lugar, para comprender el orden de lectura.

La cadena de bloques es como un libro y los bloques, ordenados temporalmente, constituyen sus páginas numeradas.

A través de este libro podemos monitorear todas las transacciones realizadas por los participantes, asegurarnos de que nadie haga trampa, por ejemplo gastar el doble de dinero, e incluso podemos volver a la primera transacción, contenida dentro del primer bloque, llamada Bloque Génesis, realizada por Satoshi Nakamoto.

Nota al margen pero de fundamental importancia: **¡No hay blockchain sin Bitcoin!**

La cadena de bloques es solo una parte del Protocolo de Bitcoin, que es el conjunto de todos los protocolos y diferentes tecnologías.
El protocolo de Bitcoin de la capa base no funciona sin blockchain, ya que no funciona sin firmas digitales, claves criptográficas, prueba de trabajo, nodos, etc.

Sin embargo, podemos intercambiar bitcoins (la moneda del sistema) incluso sin recurrir a la cadena de bloques, o mejor, usándola solo para una pequeña parte, gracias a las llamadas capas de transacción, como Lightning Network.

La cadena de bloques, en cierto sentido, es ineficiente por diseño.

Su propósito no es permitir transacciones rápidas y gratuitas, sino garantizar su irreversibilidad (o la tendencia a la irreversibilidad) y proporcionar un orden temporal a los bloques que las contienen.
Cada bloque debe ser comunicado y verificado por todos los nodos de la red, lo que complica las cosas con respecto a la escalabilidad y la velocidad de las transacciones.

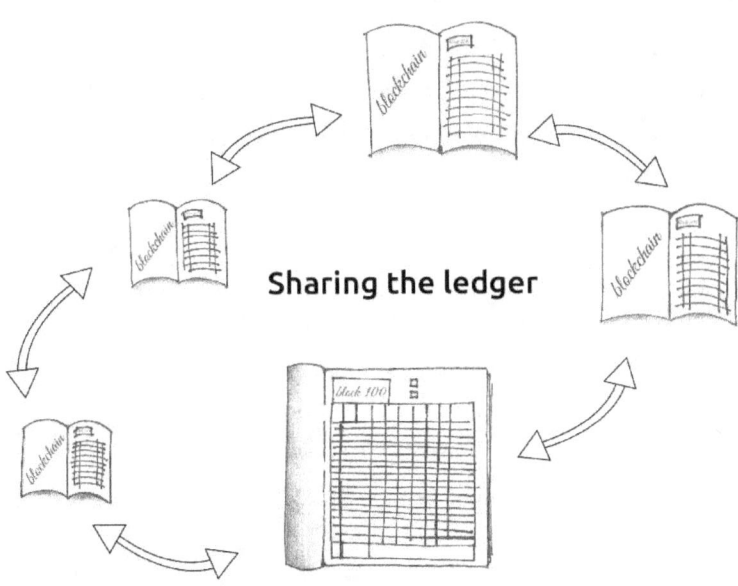

Además, este libro de contabilidad, al ser público, no se presta al anonimato de las transacciones, ya que estas son claras y visibles para todos los participantes.

Cuando alguien le dice que los delincuentes eligen Bitcoin como sistema de pago debido a su anonimato, en realidad dice algo que no es cierto.

Bitcoin es pseudoanónimo: la cadena de bloques realiza un seguimiento de las transacciones y direcciones de Bitcoin involucradas. Son, como se mencionó, direcciones alfanuméricas y no nombres, por lo que se supone que las transacciones se realizan de forma anónima por este motivo. En realidad, cuando un usuario hace pública su dirección, pierde el anonimato, a menos que oculte su identidad detrás de un apodo.

Por ejemplo, si necesito recibir un pago a través de la dirección pública 39EVqFcspspQRgNKPuugsbGrn5NN5QvUT9 y lo asocio con mi nombre y apellido, todas las transacciones relacionadas con esa dirección pueden ser rastreadas por cualquier persona que quiera realizar investigaciones.

PREGUNTA 16

¿CUÁLES SON LOS OTROS USOS POSIBLES DE LA BLOCKCHAIN DE BITCOIN?

La cadena de bloques de Bitcoin se creó con el propósito expreso de establecer un registro de transacciones, o más bien un libro mayor de bloques validados que contienen transacciones, lo que permitiría a todos los participantes realizar un seguimiento de sus fondos, evitar (o tratar de evitar) el doble gasto de este último y tener una referencia de tiempo independiente.

Para evitar el doble gasto y acordar a todos sobre quién tiene qué.

Por lo tanto, su función es certificar que cierta transacción ha tenido lugar en un momento específico y que solo puede ser utilizada por aquellos que poseen la llave privada en relación con la dirección pública a la que se destinan los fondos de esa transacción.

Por esta razón, uno de los primeros nombres dados a esta cadena de bloques fue la cadena de tiempo (o **timechain**).

En última instancia, la cadena de bloques no es más que un registro que cambia con el tiempo y no regresa (o al menos no debería), no es una tecnología revolucionaria.
La revolución en este libro está en CÓMO se actualiza este libro mayor y en el QUIÉN.

Bitcoin, pensado como una capa base y el conjunto de protocolos que también contienen la cadena de bloques, además de todas las otras innovaciones tecnológicas que hemos descrito anteriormente, es la verdadera revolución.

A menudo, aquellos que usan el término del que estamos hablando lo hacen fuera de contexto y, por lo tanto, piensan que todo y cada dato se puede poner en una blockchain: desde la información personal hasta la información de los productos, desde los resultados de una elección hasta los algoritmos que hacen una IA, o a un auto, trabajar.

Básicamente, una blockchain se usa para transportar datos sobre transacciones monetarias. Es precisamente el incentivo monetario para hacer que el sistema funcione, y el mayor incentivo posible está representado por los bitcoins que circulan en él.

¿Qué incentivo tendrías para instalar en tu PC un programa útil para que una red descentralizada funcione, si no es que la monetaria? Ciertamente, hay quienes estarían dispuestos a mantener una red descentralizada para el interés académico o civil, suponiendo que hubiera una red descentralizada para la investigación científica o el voto electrónico, pero el número de participantes (también llamados "nodos") sería claramente menor que los de Bitcoin.

Habiendo dicho eso, lo cual repito como un mantra para aquellos que me hablan sobre La Blockchain y / o la exaltan ignorando Bitcoin, veamos ahora qué otros usos posibles podría tener este registro.

¿El hecho de que los datos sean información de transacción implica que no es posible utilizar este registro para nada más?

Absolutamente no.

Una transacción se compone de una serie de información: además de la cantidad de bitcoins que se envían y los que se reciben como un cambio, suponiendo que se trata de una transacción básica de una dirección a otra, como la vista anteriormente entre Alice y Bob, hay otro parámetro llamado OP_RETURN: dentro de este parámetro podemos insertar información (limitada).

¿Por qué deberíamos insertar datos no monetarios en un sistema descentralizado como Bitcoin?

En resumen, por razones de seguridad: seguridad de conservación, no manipulación y no censura. No es para llevar esos datos a su destinatario lo antes posible, ya que el bloque que contiene la transacción, que a su vez contiene esta información adicional, debe ser procesado por todos los nodos de la red.

En segundo lugar, para evitar construir una nueva cadena de bloques para cada nuevo caso de uso, dado que probablemente habría servidores implementados en manos de unos pocos actores (con permiso) o una red efectivamente descentralizada (sin permiso) pero no tan segura como Bitcoin.

Si recuerda, dijimos que, para garantizar el mayor nivel de descentralización, es necesario, entre otras cosas, que el registro sea lo más ligero posible: se deduce que los datos que podríamos insertar en la cadena de bloques de Bitcoin serán relativamente pocos en comparación con aquellos que otros libros contables distribuidos pueden contener, pero los hará poco descentralizados.

Por lo tanto, la elección es entre **seguridad y rendimiento**, y no entre velocidad y capacidad de almacenamiento.

Cuando nació mi sobrina inserté el mensaje "fecha XXXXXX, 22.00, ¡nació Arianna!" en la cadena de bloques de Bitcoin, para tener un recuerdo de ese día en el futuro. Varios bloques han pasado desde entonces, por lo que puedo decir con relativa confianza que este mensaje permanecerá para siempre en el libro mayor compartido. Usé la red Bitcoin para transmitir datos no relacionados con una transacción monetaria.

Sin embargo, el hecho de haber ingresado este mensaje en la cadena de bloques no significa que corresponda a la verdad.

Podría haber escrito una fecha diferente a la fecha de nacimiento, un nombre diferente u otra información conflictiva o no relevante. Este mensaje constituye información útil y real para mí y, por lo tanto, es una certificación totalmente subjetiva.

Cuando escribimos datos de la cadena de bloques de Bitcoin que no sean transacciones monetarias, simplemente vamos a insertar un registro y protegerlo de los cambios que podrían ser causados por agentes externos a lo largo del tiempo (un organismo central, un atacante, etc.).

Certificamos los datos, pero esto **no significa que la información ingresada corresponda a la realidad.**

Por lo tanto, entendemos que la cadena de bloques, incluso si es útil para proteger los datos digitales de futuras manipulaciones, no garantiza su veracidad y, por lo tanto, no se presta bien, por ejemplo, al control de una cadena de suministro.

¿Queremos insertar el número de serie de un automóvil en una cadena de bloques?

Hagámoslo, pero recuerde que siempre habrá alguien a cargo de escribir esos datos y, por lo tanto, podrá alterar la realidad: en resumen, el automóvil sedán registrado en la cadena de bloques, podría resultar ser un escarabajo después de la entrega.

Esto se debe a que no es un objeto del mundo material sino una contraparte digital que se transmitirá en el libro mayor distribuido. Alguien tendrá que crear este objeto digital, ¿verdad?

¿La cadena de bloques utilizada para fines no monetarios es inútil?

No.
También existe la posibilidad de crear certificaciones objetivas si la propiedad "cadena de tiempo" se utiliza para corregir datos a lo largo del

tiempo para algo que realmente requiere una llamada marca de tiempo. En resumen, si se usa como un **registro de marca de tiempo**.

En este caso, la certificación no es proporcionada por los datos ingresados (parámetro subjetivo) sino por el momento en que se ingresó en la cadena de bloques (parámetro objetivo).

Un ejemplo práctico

Soundreef es un administrador de derechos de autor independiente (Entidad de gestión independiente según la Directiva de la UE 2014/26 / UE) reconocido por la Oficina de Propiedad Intelectual del Reino Unido [23], en competencia con SIAE (Società Italiana degli Autori ed Editori que en Italia, hasta hace poco, tenía el monopolio en la gestión y recopilación de derechos de autor. Bueno, desde noviembre de 2018, Soundreef utiliza la cadena de bloques de Bitcoin para certificar la autoría de las canciones compuestas por sus artistas.
Los autores de Soundreef pueden usar software patentado para obtener un certificado de propiedad digital: esto está asociado con un **hash único** que se inserta en una transacción de Bitcoin, lo que termina en su blockchain.
Si alguien plagiara, el autor original podría probar la propiedad de la canción simplemente recuperando el certificado que fue marcado temporalmente.

Tomemos un ejemplo específico.

Soy autor y tengo el archivo (el certificado digital) de mi trabajo con fecha del 1 de noviembre de 2019 y el hash asociado insertado en la cadena de bloques en la misma fecha. Si alguien registró un plagio, esto se entregará más tarde a mi certificado digital / pareja de hash en blockchain, por lo tanto, en el lugar legal, será fácil probar la violación de mi propiedad intelectual.

Lo mismo puede suceder en el caso del registro de patentes, y en todas aquellas áreas en las que contar es el primero en registrar la idea; donde, por lo tanto, se necesita un "registrador" o "marcador de tiempo".

No es necesario usar un software propietario, como en el ejemplo de Soundreef, pero es suficiente para crear un documento digital en cuyos metadatos esté presente la fecha de creación, generar un hash único correspondiente a ese documento y escribir este hash en el OP_RETURN de una transacción de Bitcoin. No hace falta decir que es necesario mantener el archivo original y el hash correspondiente. Sin uno de ellos, no podríamos reclamar nuestra propiedad en el documento, o más bien, crearla y certificarla en un momento específico.

Hasta la fecha, la única función de la cadena de bloques que no sean las transacciones monetarias es el marcado temporal de datos digitales o la certificación temporal (marca de tiempo o timestamp).

Cualquier otro uso al menos no es apropiado, incluso fraudulento.

El famoso "seguimiento de la cadena de suministro" cae en estos usos inapropiados y se presta al fraude.

El ejemplo de la manzana.

Tenemos un objeto material NO único, una manzana, que es "digitalizada" por un trabajador.

Un agricultor italiano vende sus manzanas cultivadas de conformidad con la normativa de la UE a un gran distribuidor internacional.
El distribuidor tiene negocios con muchos agricultores y gestiona las ventas a centros comerciales en Europa y el norte de África. Los productos provienen de muchas áreas diferentes, algunos de la UE, otros de fuera de la UE.

¡Sin embargo, el distribuidor usa "La Blockchain"!

El procedimiento es relativamente simple: algunos trabajadores recogen las manzanas de los productores y aplican una etiqueta, en la que hay un código QR, en los casetes. Otros empleados crean objetos digitales que contienen información sobre las manzanas: fecha de cosecha, origen, tipo de manzanas, etc. El código QR vincula estas manzanas a los objetos digitales creados por los trabajadores y estos se "insertan" en una cadena de bloques (el área de marketing diría "dentro de Blockchain").

Si mientras tanto el empleador ha reemplazado las cajas de manzanas producidas en Italia con frutas producidas en Marruecos, quitando el sello de las cajas italianas y aplicándolo en las marroquíes, no importa: cuando nos presentaremos frente a la mostrador de frutas de nuestro supermercado de confianza y con el teléfono inteligente escanearemos el código QR, estaremos felices, porque sabremos que nuestra manzana es la que se produce y cosecha en Italia.

¡Mención especial a la cadena de suministro que se registra a través de la cadena de bloques!

Me gustaría señalar que no tengo nada en contra de las manzanas marroquíes, que podrían ser incluso mejores que las italianas. Simplemente no son lo mismo y en el ejemplo ilustrado se lleva a cabo un fraude alimentario.

¿Por qué especifiqué "NO objeto único" al comienzo del ejemplo?

Porque, de hecho, este es el único caso en el que la "transformación" de un objeto material en un objeto digital y el consiguiente seguimiento a través de una cadena de bloques podría funcionar.

Si fuera posible describir en detalle las características físico-químicas de un solo objeto hasta el punto de realizar una contraparte digital del mismo, entonces podríamos estar seguros de que el objeto frente a nosotros es en realidad el ejemplo trazado usando (también) una blockchain. Sin embargo, esto es una fantasía, ya que la "descripción" del objeto único es susceptible al error humano.

Tomemos una pintura de Leonardo: podemos describir las características que la hacen única con muy alta precisión. Podemos tomar estos datos, asociar un hash con ellos y ponerlos en la cadena de bloques de Bitcoin.

Sin embargo, si nuestro análisis resulta ser falaz y aparece una falsificación que corresponde a las características expresadas por nuestro análisis, el alter ego digital representaría la pintura incorrecta y el seguimiento se iría al infierno.

En resumen, siempre que permanezcamos en el ámbito digital y usemos la cadena de bloques de Bitcoin como marcador de tiempo (por ejemplo, los certificados de propiedad asociados con un hash), entonces haremos un uso alternativo pero útil del mismo, si en cambio nos movemos al real mundo, no podemos hacer nada más que "rastrear" un objeto digital, mientras que el real podría ser falsificado o no ser original, en caso de objetos únicos.

Los detractores de Bitcoin tienden a considerar las limitaciones inherentes de su blockchain y su pobre predisposición a usos alternativos, como la prueba de que Bitcoin representa un mal sistema monetario.

¡Con el oro puedes hacer muchas cosas, con Bitcoin no puedes!

El hecho es que Bitcoin fue creado con el propósito expreso de establecer un sistema monetario alternativo. Tiene características y funciones precisas.

Si con el tiempo encontraremos funcionalidades alternativas al simple intercambio de valor entre pares sin un tercero confiable, no se sabe y ni siquiera es importante en este momento.

El oro no debe su valor a los usos alternativos que se le pueden hacer, sino a su escasez, lo que lo convierte en un buen resguardo de valor; ha sido un metal precioso durante siglos, incluso antes de descubrir su conductividad eléctrica y su utilidad en el campo de múltiples usos en el campo técnico / científico.

Algunas poblaciones de América del Sur, antes de la llegada de los conquistadores europeos, poseían grandes reservas de oro. El oro se usaba principalmente como material ornamental porque era maleable, resistente a la corrosión y, sobre todo, brillante.

No tenía valor monetario entre estas poblaciones, simplemente porque no era un bien escaso. Las sociedades precolombinas le dieron al oro solo un poder simbólico asociado principalmente con las divinidades del Sol y, a diferencia de los europeos, no lo concibieron como un medio de intercambio.

Por lo tanto, está claro que el valor dado a un bien es completamente subjetivo y extremadamente correlacionado con su escasez.

Si el oro no fuera un activo escaso, sus usos secundarios se mantendrían y tal vez aumentarían en número, pero su utilidad como resguardo de valor y medio monetario de intercambio se perdería.

Afortunadamente, Bitcoin fue diseñado para seguir siendo escaso y tener las características de un medio monetario digital.

Nota de Giacomo Zucco: "Hasta la fecha, en realidad es posible obtener una certificación de "fecha determinada"("marca de tiempo") incluso sin escribir CUALQUIER información adicional en la cadena de tiempo de Bitcoin, pero manipulando los datos ya ingresados para una transacción normal.

Por ejemplo, esto es posible con la técnica llamada "pagar para contratar" (en la que se manipula una clave pública para insertar un compromiso con un mensaje), o con la llamada "firmar para contratar" (en la que se manipula una firma). La primera técnica es el corazón de toda innovación futura relacionada con Taproot, además de ser la que usamos para el protocolo RGB. Ambos pueden usarse como una alternativa de "huella de blockchain cero" a la OP_RETURN más tradicional, incluso en el contexto de la biblioteca OpenTimeStamps ".

PREGUNTA 17

¿QUÉ ES UN NODO BITCOIN?

En Tecnología de la Información (IT), "nodo" indica cualquier hardware capaz de comunicarse con otros dispositivos conectados a una red común.

En Bitcoin, las cosas se ponen un poco más complicadas.
De hecho, los usuarios pueden interactuar con la red de Bitcoin y cada uno de ellos constituye un nodo al transmitir información relacionada con las transacciones, incluso de diferentes maneras.

Hay diferentes tipos de nodos, específicamente: **nodo completo**, **nodo minero** y **cliente SPV** (aunque algunos, incluido yo mismo, luchamos por considerar estos nodos).

Originalmente el nodo completo y el nodo minero coincidieron. El minero necesitaba mantener una copia de toda la cadena de bloques de Bitcoin para hacer su trabajo y, en cambio, quién solo quería verificar las transacciones, podía actuar en su nodo y desactivar la función de minería.

Para coincidir no solo estaban el nodo completo y el nodo minero, sino también el concepto de nodo y monedero.

Si en este punto del libro tiene claro cómo almacenar y enviar bitcoins, sabrá que para ejecutar transacciones necesitamos un monedero electrónico.

El primer monedero, que todavía se ejecuta en la mayoría de los nodos completos en línea de Bitcoin es el monedero Bitcoin Core, también llamada Satoshi Wallet, porque fue desarrollada directamente por Satoshi Nakamoto. Puede descargarlo del sitio web bitcoin.org o del repositorio de GitHub.

Bitcoin Core es un software de nodo completo: para utilizarlo por completo, debe descargar toda la cadena de bloques de Bitcoin, que actualmente pesa alrededor de 250 GB. La cadena de bloques se puede descargar de diferentes maneras: con el txindex deshabilitado o habilitado (txindex = 1), en modo podado (pruned) o con este modo deshabilitado.

¿Qué significa eso?

> En el modo podado, el usuario mantiene una versión más pequeña de la cadena de bloques de Bitcoin. Se eliminan los datos más antiguos (p. Ej., transacciones antiguas que no están directamente vinculadas a sus direcciones). Esto significa que puede ahorrar mucho espacio en el disco: por ejemplo, podemos decidir mantener solo 500 MB de datos en lugar de los más de 250 GB requeridos por toda la blockchain.
>
> Si descargamos Bitcoin Core, no activamos el modo podado y en el archivo de configuración insertamos el parámetro txindex = 1, en su lugar, descargaremos toda la cadena de bloques de Bitcoin más el índice de transacción completo, que es el historial completo de las transacciones realizadas por los miembros de la red.

¡Todos ellos!

La descarga de toda la cadena de bloques de Bitcoin nos brinda una experiencia de usuario completa que está perfectamente en línea con la filosofía detrás del protocolo: la posibilidad de verificar completa e independientemente todas las transacciones, sin tener que confiar en otro nodo u otro sistema de verificación, incluida la capacidad de influir en el consenso, porque podríamos rechazar cualquier cambio en las reglas de Bitcoin simplemente negándonos a actualizar el software a una versión que los contenga.

La verificación es útil, entre otras cosas, para evitar aceptar transacciones de "doble gasto" si el sistema ha sufrido un ataque de doble gasto o una bifurcación oculta.

Para el usuario promedio, esto puede ser una precaución excesiva, pero le permite influir activamente en las elecciones de la red. Además, para una empresa que opera en el sector o para aquellos que desean activar un nodo de red Lightning, es esencial tener nodos de Bitcoin que siempre estén actualizados y contengan el historial completo de la red.

También hay otras implementaciones de nodo completo, como Bitcoin Knots, Libbitcoin o bitcoinj, al igual que hay diferentes programas para administrar otra red descentralizada, que se usa para compartir archivos en lugar de un libro de transacciones: la red BitTorrent.

Para garantizar la descentralización del sistema y su seguridad, debemos continuar manteniendo y desarrollando diferentes software de nodo completo.

Como hemos visto, un nodo completo puede pesar hasta varios GB, por lo que era necesario desarrollar soluciones que permitieran incluso a aquellos con recursos limitados, como poca capacidad de memoria en la PC o conexión a Internet deficiente, o para cualquiera que quisiera usar dispositivos móviles, para poder administrar transacciones de Bitcoin de forma independiente y sin "custodia" de claves privadas por parte de terceros.

Para este propósito, se desarrollaron las monederos SPV (Verificación de Pago Simplificada), también llamadas clientes livianos o monederos livianas.

PREGUNTA 18

¿QUÉ ES UNN MONEDERO LIGERO (SPV)?

A diferencia de un nodo completo que, como se mencionó, descarga toda la cadena de bloques o al menos todas las transacciones de nuestras direcciones y las guarda en la memoria, un cliente SPV solo descarga los encabezados (headers) de los bloques, no la parte de los datos que conciernen a las transacciones.

Ilustraré brevemente la estructura del bloque aquí, invitando a cualquier persona interesada a aprender más, a leer el *Mastering Bitcoin de Antonopoulos*.

Si encuentra el texto demasiado complicado, puede omitirlo con seguridad y volver más tarde, cuando se sienta listo.

> Un bloque se divide en cuatro secciones principales: Tamaño de bloque (**block size**), Encabezado de bloque (**block header**), **Contador de transacciones** y **Transacciones**.
> Por el momento, es suficiente saber que el "peso" del bloque en la cadena de bloques se debe principalmente a las transacciones y, en mucho menor medida, al encabezado del bloque. El contador de transacciones y el tamaño de bloque juntos ocupan de 5 a 15 bytes, una cantidad insignificante. Teniendo en cuenta que, en promedio, en un bloque hay aproximadamente 1500 transacciones [24] cuyo peso es de aproximadamente 500 bytes cada una, mientras que el encabezado del bloque ocupa aproximadamente 80 bytes, deducimos que, evitando la descarga de transacciones, tiene un ahorro de espacio considerable, ¡al rededor de 1000x menos!

Cuando es necesario, el cliente SPV verifica las transacciones confiando en nodos completos. Hemos dicho que el ahorro en términos de espacio es considerable, pero este menor consumo de recursos también implica un problema: el monedero SPV debe "confiar" en un nodo externo, con la esperanza de que el nodo se actualice y respete las reglas compartidas por la red.

El monedero SPV no puede verificar de forma independiente todas las transacciones y, por lo tanto, no puede verificar que una transacción de Btcoin no se haya realizado dos veces desde la misma dirección.

Sé que te estoy asustando un poco, pero es necesario comprender que, al mover grandes fondos, sería mejor hacerlo a través de tu propio nodo completo, mientras que para pequeñas cifras, puedes tolerar el riesgo y confiar en un billetera ligera.

Por esta razón, el tipo de billetera más común en la actualidad es precisamente el SPV, también debido al uso cada vez mayor de teléfonos inteligentes para administrar las transacciones diarias de Bitcoin.

Hay muchos monederos SPV, más o menos completos, en un número decididamente mayor que el nodo completo.

Enumeraré algunos, pero esta lista está incompleta y no considera los monederos de hardware.

Monedero de escritorio

- **Electrum**: el cliente de escritorio SPV más conocido. Recientemente, una versión de malware de Electrum ha llevado a los usuarios a mostrar sus llaves privadas, así que descargue la billetera siempre de fuentes confiables (el sitio web de Electrum) y tenga cuidado con las imitaciones.
- **Wasabi**: un cliente desarrollado para aumentar sustancialmente la privacidad de las transacciones y, por lo tanto, la funcionalidad de

Bitcoin. El monedero Wasabi utiliza una técnica llamada CoinJoin, que combina muchas transacciones de diferentes direcciones en una sola transacción grande, y esto hace que sea extremadamente difícil vincular remitentes a destinatarios.

Monedero móvil

- **Edge Wallet**: monedero de múltiples monedas de código abierto producida por Airbitz Inc. Colaboro activamente con esta empresa, por lo tanto, en pleno conflicto de intereses, lo recomiendo encarecidamente.
En serio, también es un monedero sin custodia, por lo que le permite exportar pero también importar llaves privadas, y estas no son administradas ni vistas por los creadores de Edge (sistema de conocimiento cero). Con Edge también es posible configurar nodos de Bitcoin personalizados, que serán utilizados por la aplicación para descargar el encabezado. También puede usar el nodo completo que tiene en su PC.

- **Samurai Wallet**: una billetera móvil orientada a la privacidad para Bitcoin, con una función muy interesante: la capacidad de enviar bitcoins sin conexión, utilizando un sistema de código abierto para encapsular transacciones dentro de mensajes de texto y mensajes enviados en la red de malla txTenna. Samurai también tiene su propio sistema de mezcla de transacciones, para aumentar la privacidad del usuario.

PREGUNTA 19

¿QUÉ ES UN MONEDERO DE HARDWARE? ¿Y UN MONEDERO DE PAPEL?

Comencemos con el **monedero de papel**.

Dijimos que un monedero de Bitcoin se compone de dos series de números: una dirección pública y unas llaves privadas, con la cuales se firman las transacciones y se ponen en marcha los fondos.

Los bitcoins que recibe no residen físicamente en su billetera (su aplicación en su teléfono o su software de escritorio), ni en ningún otro lugar. Simplemente realiza un seguimiento de los diferentes propietarios, es decir, las direcciones públicas a las que se han enviado los bitcoins que se ejecutan en el sistema, en la cadena de bloques.

Por lo tanto, se puede deducir que, siempre que tengamos la llave privada asociada con una dirección en la que recibimos bitcoins, podríamos usarla donde sea que estemos y con cualquier aplicación que nos permita importar las llaves.

Si la aplicación que utilizamos nos permite exportar llaves privadas, podemos hacer una copia de seguridad de ellas simplemente escribiéndolas en una hoja de papel.

Si, en cambio, la aplicación no nos permite exportarlas, bueno, cambiamos la aplicación.

Una monedero de papel es simplemente esto: una hoja de papel u otro medio en el que hemos escrito nuestras llaves privadas.
Tendremos que protegerlo con cuidado, lejos de miradas indiscretas, porque esa hoja contiene nuestros fondos.

Monedero de hardware

Una billetera de hardware es, como su nombre lo indica, un dispositivo que podemos usar junto con un software compatible para confirmar nuestras transacciones.

El dispositivo contiene las claves privadas de nuestros monederos de Bitcoin: cuando tenemos que ejecutar una transacción, esto se firma a través de nuestro monedero de hardware y la llave privada nunca se expone.

Sin embargo, si utilizamos un monedero de hardware, debemos tener en cuenta que esta herramienta es solo una protección adicional para nuestro monedero de papel.
De hecho, durante la configuración del dispositivo, tendremos que anotar en una hoja una serie de palabras llamadas semillas (**seeds**). Estas semillas constituyen nuestra llave privada maestra, por lo que, si las perdemos ya no tendremos acceso a nuestros bitcoins en caso de falla del monedero de hardware. Al igual que con el monedero de papel, ¡mantenga esta hoja segura!

Los monederos de hardware más populares en el mercado son producidas actualmente por Trezor y Ledger. Entre las dos compañías, recomendaría los dispositivos producidos por Trezor, porque tienen un software de código abierto; esto ofrece la posibilidad de comprobar que no hay puertas traseras (backdoors) en el sistema de gestión de llaves privadas.

Ledger utiliza sistemas de seguridad a nivel bancario, que neutralizan efectivamente algunos ataques físicos contra los cuales Trezor no puede defenderse efectivamente, pero a costa de tener una parte importante del código cerrado, que no es verificable por desarrolladores independientes y, por lo tanto, potencialmente expuesto a puertas traseras.

Además de las dos billeteras de hardware mencionadas, Coldcard también debe considerarse, una propuesta de hardware muy interesante que integra un chip dedicado para almacenar la clave privada y proporciona al usuario un "código PIN de coacción", es decir, un código de seguridad útil en caso de ataques físicos: si se escribe, la billetera no dará acceso a los fondos del usuario, sino a otra billetera, en la que el propietario podría haber cargado solo unos pocos satoshis. Por lo tanto, el atacante no tendría acceso a la billetera principal.

Otra característica interesante de Coldcard es el llamado PIN "Brick Me", que en su lugar, utilizado en casos extremos, destruye la clave privada y hace que la billetera sea completamente inútil.

PREGUNTA 20

¿QUIÉN ESTABLECE EL VALOR DE 1 BITCOIN?

El valor del bitcoin se establece, como para el mercado clásico, por compradores y vendedores: por lo tanto, se puede decir que el valor viene dado por el **encuentro entre la demanda y la oferta.** Ningún estado o banco puede establecer o garantizar su valor.

Piense en las subastas: millones de ellas se realizan todos los días en el mundo. Las categorías más dispares de objetos se pueden vender en estas subastas, pero generalmente se trata de bienes escasos.

Bueno, ¿cómo se establece el precio de uno de estos objetos?

Se puede estimar y proporcionar con bases de subastas, pero el verdadero valor se establecerá mediante ofertas hechas por el público.

Para el bitcoin, las cosas funcionan de manera similar.

Los lugares designados para llevar a cabo estas subastas suelen ser intercambios en línea, pero también pueden ser espacios físicos donde se encuentran vendedores y compradores.
Aquellos que venden bitcoins generalmente ofrecen un precio tratando de lograr la mayor ganancia posible, o venden a un precio más alto que el pagado en el momento de la compra, mientras que el comprador propone una oferta tratando de obtener el precio más ventajoso.
Cuando la demanda y la oferta se encuentran, nace el precio de bitcoin.

Hay lugares donde se recopilan estos precios y se obtiene el precio promedio del precio de bitcoin. El más conocido es CoinMarketCap, un sitio que recopila el precio de bitcoin y muchas otras criptomonedas, pero también tapas de mercado, volúmenes diarios, suministro circulante y otra información útil.

Recuerde que, como regla general, si se reducen los volúmenes, así como los lugares para realizar este intercambio, los cambios de precio serían mayores. La volatilidad tiende a disminuir cuando aumentan los volúmenes.
Por esta razón, el valor del bitcoin único puede sufrir variaciones muy importantes y, por el momento, el activo se considera de alto riesgo.

Para comprender mejor el concepto de volatilidad y cómo se puede utilizar para nuestro beneficio, lo invito a leer el capítulo *¿Por qué debería convertir mis ahorros en algo tan volátil?*

"Pago 5 USD por 10,000 sats", "Quiero 8 USD para vender 10000 sats"

PREGUNTA 21

¿Podemos cambiar la política económica de Bitcoin?

En el capítulo en el que analizamos los puntos críticos del sistema monetario actual, hemos mencionado la política económica detrás de Bitcoin, completamente diferente de la del sistema actual, llamado sistema fiduciario (ver *glosario*), y similar a la del Patrón Oro porque También se basa en la escasez, incluso siendo digital.

En la siguiente tabla podemos observar las principales diferencias entre el sistema actual (fiat) y Bitcoin.

Main features	FIAT SYSTEM	BITCOIN SYSTEM
MONEY TYPE	From 10 to 20% in paper cash. Majority digital	100% digital cash. No fractional reserve
SCARCITY	Unlimited supply. Subject to quantitative easing	Limited (capped) supply to 2.1×10^{15} base units
INFLATION	Theoretically infinite. 2% as ideal annual target	Predictable, finite. 3.73% today (2019), 1.88% from 2020. Halved every four years
DURABILITY	Paper cash can be lost, destroyed, stolen. Digital money subject to hacking and seizure	Private key can be lost. Digital cash is unseizable, unhackable, undestroyable
ISSUE	Issued by the government and central bank system	Issued by the software according to the fixed rules of the network
CONTROL TYPE	Centralized. Controlled by political authorities	Decentralized. Controlled by no one. Verified by the nodes
ADOPTION	Imposed by force, by law and/or military power	Adoption on a voluntary basis
COUNTERFEIT	Cash subject to counterfeit, digital money difficult to counterfeit but subject to attacks	Impossible to counterfeit a private key
FUNGIBILITY	High fungibility with cash. Low fungibility with digital money, subject to seizure	Medium fungibility on blockchain. High fungibility with satoshi on second layers
DIVISIBILITY	Low, usually two decimal places	High, eight decimal places on the blockchain, even higher on second layers

MONEY TYPE: indica la forma en que se presenta el dinero. En el sistema fiduciario, del 10 al 20% del dinero está en forma de billetes o monedas de metal, el resto es digital. Los bancos pueden hacer reservas fraccionarias. Si esta reserva se limita al 10%, significa que de cada 1,000 USD depositados, solo 100 estarán disponibles en forma de billetes para posibles retiros. Si tomamos el ejemplo del control de capital en Grecia en 2015, vemos cómo esta reserva fraccionaria se ha manifestado en momentos de falta de liquidez en el sistema bancario: se advirtió a los turistas de antemano que llevaran suficiente efectivo para evitar quedarse sin dinero.

Bitcoin es 100% digital y no se puede crear más dinero que el software puesto en circulación.

SCARCITY: la emisión de divisas es ilimitada para el sistema fiduciario (sujeto a flexibilización cuantitativa), mientras que está limitada a 2.1×10^{15} unidades básicas para Bitcoin, es decir, satoshis.

INFLATION: la inflación en el sistema fiduciario es teóricamente infinita pero como referencia ideal tiene un 2% anual. La inflación de Bitcoin (monetaria) es predecible y limitada. Desde 3.73% hoy (2019), caerá a 1.88% a partir de 2020. La inflación se reduce a la mitad cada cuatro años y se convertirá en deflación a partir de 2140.

DURABILITY: la durabilidad de los billetes es limitada: pueden perderse, destruirse o ser robados. El dinero digital del sistema fiduciario está sujeto a piratería e incautación. En el sistema Bitcoin se pueden perder claves privadas, no monedas. El sistema fue creado para ser no censurable, no secuestrable, no destructible.

ISSUE: los gobiernos y los bancos centrales ponen en circulación el dinero fiduciario. El software libera bitcoins de acuerdo con las reglas de la red.

CONTROL TYPE: en el sistema fiduciario, el control sobre el dinero es centralizado y de naturaleza política, en Bitcoin está descentralizado y nadie tiene control directo sobre la entrada o las transacciones. Los bloques de transacción son verificados por los nodos del sistema.

ADOPTION: en el sistema fiduciario, la adopción se impone por la fuerza a través de la ley y / o el poder militar. En Bitcoin, la adopción es voluntaria; nadie puede forzarte a aceptar bitcoins y nadie puede detenerte.

COUNTERFEIT: el efectivo está sujeto a falsificación, el dinero fiduciario digital es difícil de falsificar pero está sujeto a ataques de terceros. En Bitcoin es prácticamente imposible descubrir una llave privada a través de ataques de terceros y los bitcoins no pueden ser falsificados.

FUNGIBILITY: la fungibilidad del efectivo es alta (a excepción de los billetes "marcados"), pero es muy mala en el sistema fiat sin efectivo. En Bitcoin, la fungibilidad es buena en blockchain, excelente en la segunda capa.

DIVISIBILITY: la divisibilidad en el sistema fiduciario es baja, generalmente limitada a dos decimales. En Bitcoin es alta, llegando a ocho decimales. En la segunda capa es posible usar medidas más pequeños que el satoshi.

La política económica de Bitcoin ha sido bien definida en la fase de construcción del sistema. El hecho de haber configurado la red de esta manera, incluso antes de comenzar con su Bloque Génesis, hace de esta política económica su fundamento. No debe cambiarse, de lo contrario todo el edificio se caerá.

Entonces, ¿las reglas económicas de Bitcoin no se pueden cambiar?

La única parte del código aparentemente no modificable es precisamente el relacionado con la política económica de Bitcoin. Cuando explico Bitcoin en mi país, le pido a la audiencia que imagine el Protocolo de Bitcoin como la Constitución italiana. La primera parte de nuestra Constitution, Derechos fundamentales, no es técnicamente modificable a menos que se haga una guerra civil.

En Bitcoin, "guerra civil" significa hard fork, un término de IT que indica la bifurcación del código fuente abierto por uno o más desarrolladores que hace que la nueva versión no sea compatible con la anterior (ver *¿Qué es un fork?*).

Entonces, respondiendo a la pregunta, no, las reglas económicas de Bitcoin pueden modificarse, pero solo alcanzando el Consenso (bifurcación fuerte por Consenso) o realizando una bifurcación dura sin el Consenso pero con la consiguiente creación de otra cadena con otras reglas y monedas.

¿Pronóstico arriesgado? Este fork fallará.

¿Por qué?

Si te dijera que mañana puedes tener un sistema monetario con más bitcoins de los que puedes tener ahora, pero que el precio del bitcoin caerá dramáticamente, ¿apoyarías el cambio a la política económica?

No lo haría porque no quiero que mi poder adquisitivo disminuya con el tiempo. Mi nodo proporcionará soporte para la única cadena cuya política económica no cambie.

Permítanme aclarar este punto con un ejemplo.

Supongamos por un momento que tengo 0.1 BTC, o 10 millones de satoshis, - lo cual es imposible, porque todos mis satoshis se han perdido en un accidente de bote -, y que hay un límite de 21 millones de bitcoins como suministro total.
Se propone una modificación al protocolo de Bitcoin que tiene como objetivo elevar el límite a 21 mil millones.
Mis 0.1 bitcoins seguirán siendo las mismas, pero ahora se pondrían en circulación 1000 veces más bitcoins que antes. Mi poder adquisitivo se reduciría inexorablemente con el tiempo.

Y si estos 21 mil millones de bitcoins se "acuñaran" en el mismo período de tiempo que el protocolo actual, es decir, agregar 3 ceros también en la cantidad de bitcoins liberados a los mineros y finalizar en 2140, mi poder adquisitivo prácticamente se eliminaría de la noche a la mañana.

Mi nodo se opondría a esta propuesta.

¿Cómo?

¡Sencillo!

Evitando instalar el nuevo software que contiene las nuevas reglas de emisión y el nuevo suministro total.

FOCUS 1

El espectro de la desigualdad en Bitcoin

Algunos economistas se quejan de la posibilidad de que un sistema monetario con una cantidad fija de unidades de valor (oferta fija) sea peligroso porque el individuo tenderá a ahorrar, y esto aumentaría su poder adquisitivo con el tiempo. Por lo tanto, el sistema facilitaría una cierta desigualdad porque aquellos que "ingresaron primero" tuvieron la oportunidad de hacerlo pagando un precio más bajo y pudieron ahorrar durante un período de tiempo más largo, en comparación con los que ingresaron más tarde.

Por el contrario, una política monetaria basada en la emisión de las unidades de valor durante un tiempo ilimitado reduciría la tendencia a ahorrar, porque las unidades individuales tienden a perder valor con el tiempo, así como el poder adquisitivo de quienes creen que pueden ahorrar. La reducción del ahorro, combinada con el cambio en la oferta monetaria (inflación monetaria), que según algunos cambios de los economistas solo en función de los cambios en la producción y la población, conduciría a un sistema más equitativo.

El concepto es interesante y merece ser investigado.

Eso sí, con algunas aclaraciones.

En primer lugar, la emisión de bitcoins es limitada (**capped**), no simplemente arreglado (**fixed**). Estos dos términos pueden parecer sinónimos, pero no lo son: el concepto de suministro arreglado sugiere que las unidades son limitadas pero no divisibles y que ya están en circulación.

Hemos visto que, en cambio, la emisión ocurre de manera constante a lo largo del tiempo, pero se reduce a la mitad cada cuatro años (ver *Halving*).

Veremos en el siguiente capítulo que, incluso en lo que respecta a las fracciones de bitcoin, las cosas no son así: podemos tener tantas unidades como queramos simplemente dividiendo BTC, sin variar la cantidad total de bitcoins en circulación (suministro limitado).

Además, si consideramos el sistema monetario actual, vemos que la creación de dinero ilimitado permite que las personas cercanas a las entidades emisoras, por cabildeo o con fines políticos similares, se beneficien injustamente, sí, aquí de manera desigual.

Esta desigualdad también es alimentada por préstamos a empresas e, indirectamente, a ciudadanos, emitidos por bancos. [25]

Según el economista prof. Richard A. Werner:

"La creación de crédito bancario no canaliza el dinero existente a nuevos usos. Recientemente crea dinero que no existía de antemano y lo canaliza para algún uso... Lo que hace posible esta 'contabilidad creativa' es la otra función de los bancos como sistema de liquidación de todas las transacciones no monetarias en la economía... Dado que los bancos trabajan como contadores registrados, mientras que el resto de la economía asume que son contadores honestos, es posible que los bancos aumenten el dinero en las cuentas de algunos de nosotros (aquellos que reciben un préstamo), simplemente alterando las cifras. Nadie más lo notará, porque los agentes no pueden distinguir entre el dinero que realmente se había guardado y depositado y el dinero que el banco ha creado "de la nada"".

También es interesante leer el cierre final del documento *How do banks create money, and why can other firms not do the same? An explanation for the coexistence of lending and deposit-taking* por parte del prof. Werner:

"En este documento se descubrió que los bancos combinan lo que efectivamente son operaciones muy diferentes, a saber, la toma de depósitos y la concesión de préstamos bajo un mismo techo, porque de esta manera pueden inventar dinero nuevo en forma de 'depósitos de clientes' ficticios cuando pretenden

participar en el acto de "préstamo".
Se descubrió que la característica definitoria de los bancos es que están exentos de las Reglas de dinero del cliente (Client Money Rules [26]), que evitan que otras empresas creen dinero de la misma manera. Se descubrió que, en la práctica, solo los bancos pueden emitir dinero de esta manera. (...)".

Otro punto a considerar es que aquellos que apoyan firmemente el hecho de que un suministro limitado implica desigualdad, a menudo caen en una "trampa lógica" o un falso silogismo.

Volvamos a la hipótesis expresada al principio y ampliémosla:

"Entro primero en el sistema, gasto menos para comprar las unidades de valor, así puedo comprar más y tengo más tiempo para ahorrar.
De esto se deduce que los que vengan después podrán comprar menos unidades porque gastarán más y, por lo tanto, podré dominar y dictar la línea del sistema económico gracias a mi "injusto" y sorprendente poder adquisitivo".

En resumen, surgiría una situación feudal.

El razonamiento parecería lógico pero es falaz en varios puntos.

En primer lugar, presupondría un sistema cerrado, en el que los recursos están bien almacenados y conservados y existe una coordinación entre los grandes "capitalistas" capaces de controlar el poder adquisitivo de los individuos. Como si dijera: *"tenemos mucho dinero; pongámonos de acuerdo para que el precio de nuestro preciado bien continúe aumentando artificialmente y el sistema atraiga a nuevas personas. ¡Pero ellos tendrán que conformarse con las migajas!".*

En realidad, el sistema monetario está abierto y sujeto a un mercado libre. Por supuesto, hay actores ricos (**whales, ballenas**) capaces de influir en la tendencia del mercado (el precio), pero no para coordinar un sistema de control global digno de la teoría de la conspiración más oscura.

Es más fácil que esto suceda en el actual sistema fiduciario, donde el poder de emitir nuevas monedas está en manos de unos pocos bancos centrales y donde coinciden la creación de dinero y el control directo sobre grandes capitales.

Afortunadamente, en Bitcoin, aquellos que poseen grandes cantidades de activos no pueden influir técnicamente en la política monetaria porque también se verían obligados a controlar la mayoría de los nodos del sistema.

En segundo lugar, presupondría que la mayoría de los que ingresaron por primera vez al sistema ya sabían que el precio de cada bitcoin alcanzaría los niveles actuales y que, por lo tanto, no habían gastado nada para garantizar un enorme poder adquisitivo en el futuro. En resumen, todos ellos deberían ser "**Hodlers**", ahorradores habituales.

Greg Schoen
@GregSchoen

I wish I had kept my 1,700 BTC @ $0.06 instead of selling them at $0.30, now that they're $8.00! #bitcoin

Traduci il Tweet
12:57 AM · 17 mag 2011 · Twitter Web Client

"*Desearía haber mantenido mis 1.700 BTC comprados a $ 0.06 en lugar de venderlos a $ 0.30 ahora que son $ 8.00!*"

Pero sabemos que, en un mercado libre, las personas compran y venden tratando de obtener el mayor beneficio. Muchos han utilizado inmediatamente Bitcoin como sistema monetario para la compra de bienes; Bitcoin era barato, tenía transacciones rápidas y prácticamente gratuitas.

Cuántos han comprado o incluso extraído tantos bitcoins en los primeros días y ahora permanecen con pocos BTC en sus billeteras?

En 2010, un año después de que comenzara la red Bitcoin, el bitcoin solo tuvo problemas para encontrar un valor monetario. Era extremadamente difícil encontrar a alguien dispuesto a vender un bien o un servicio y tener a cambio aquellos que en ese momento parecían solo dinero de Monopolio que cualquiera podía producir con una simple computadora personal.

El 18 de mayo de 2010, en el foro BitcoinTalk [27], un usuario llamado laszlo (Laszlo Hanyecz) envió una curiosa solicitud a la comunidad:

"Pagaré 10,000 bitcoins por un par de pizzas... Tal vez 2 grandes, así me sobra algo para el día siguiente. Me gusta haber dejado pizza para picar más tarde. Puede hacer la pizza usted mismo y traerla a mi casa o pedirla en un lugar de entrega, pero lo que busco es que me entreguen comida a cambio de bitcoins, donde no tengo que pedirlos o prepararlos yo mismo, algo así como pedir un 'plato de desayuno' en un hotel o algo así, ¡solo te traen algo de comer y estás feliz!

Me gustan cosas como las cebollas, los pimientos, las salchichas, los champiñones, los tomates, los pepperoni, etc., simplemente cosas estándar sin coberturas de pescado extrañas ni nada de eso. También me gustan las pizzas de queso regulares, que pueden ser más baratas de preparar o adquirir.

Si está interesado, hágamelo saber y podemos llegar a un acuerdo.

Gracias,

Laszlo"

El 22 de mayo, Laszlo anunció que había intercambiado con éxito bitcoins con el usuario jercos (Jeremy Sturdivant):

"Solo quiero informar que cambié exitosamente 10,000 bitcoins por pizza".

Bueno, esa costosa transacción [28] - jercos gastó alrededor de 40 dólares por dos pizzas, - que en Italia probablemente habrían costado menos de 20 euros

- resultó ser mucho más costosa para Laszlo, porque hoy esos 10 mil bitcoins tendrían un valor de ¡alrededor de 100 millones de dólares!

Jercos probablemente gastó esos bitcoins en lugar de almacenarlos; el saldo final de la dirección que utilizó en octubre de 2018 fue de 0.00111111 BTC. Es posible que los haya transferido a un monedero frío, almacenado en un lugar secreto, pero definitivamente es más probable que haya utilizado estos fondos para otras transacciones en un momento en que el precio del bitcoin era significativamente más bajo que el actual.

La falacia del razonamiento de los partidarios del sistema monetario actual o de su característica de oferta adaptativa e infinita aplicada también a otros sistemas (incluso aquellos "relacionados con cripto" como Ethereum), está precisamente en considerar a todos los pioneros como inversionistas inteligentes y ahorradores, con capacidades predictivas no humanas y con un canal de comunicación secreto utilizado para comunicarse entre sí y guiar el mercado de acuerdo con su voluntad.

Bitcoin es un sistema tan fluido y "vivo" como el clásico: la diferencia radica en la tendencia a ahorrar que conlleva un dinero sólido (**sound money**) como Bitcoin, en comparación con la tendencia a gastar promovida por el sistema fiat (**easy money**, dinero fácil).

Por lo demás, aquellos que poseen bitcoins gastan, ganan, viven o sobreviven, como todos los miembros de la sociedad y, por lo tanto, excepto en casos excepcionales, vuelven a poner en circulación sus satoshis.

FOCUS 2

EL "PELIGRO" DE LA DEFLACIÓN DE BITCOIN

Hay quienes están asustados por la reducción de la inflación monetaria, que se convertirá en una deflación real de alrededor de 2140, porque históricamente los períodos de inflación cercanos a cero corresponden al estancamiento de la economía, pero hay puntos en los que pensar:

- **No vivirás hasta 2140.**
- **La reducción de la inflación es un problema para el sistema actual, basado en monedas fiduciarias y no en activos escasos.**
- **Bitcoin es divisible.**

Si para los dos primeros puntos pudieras proporcionar argumentos importantes como: "*Viviré para siempre*", "*Me preocupo por mis descendientes*", "*la deflación fue un problema incluso con el Patrón Oro*", etc. En el tercer punto no puedo ser negado.

1 bitcoin es divisible y su unidad básica es satoshi, del nombre de su creador. 1 bitcoin = 100 millones de satoshis.

Si consideramos lo que generalmente se llama M0 (suministro de dinero tipo 0), es decir, el conjunto de dinero que incluye todo el dinero físico como billetes y monedas metálicas, depósitos y otros activos líquidos en poder de los bancos centrales [29], y nos centramos en los Estados Unidos, analizando el dólar, la moneda más extendida en el planeta y adoptada como un estándar monetario global, descubrimos que la cantidad de este tipo de dinero en circulación es de aproximadamente 1,5 billones de dólares. [30]

Es decir, en números, 1,500,000,000,000,000,000 de dólares o 1.5×10^{18} si prefiere pensar en términos de potencia.

Por otro lado, las unidades en Bitcoin - sin considerar la posibilidad de dividirlas aún más -, serán un total de 21,000,000 bitcoins o 2,100,000,000,000,000 (2 millones y cien mil billones) de satoshis o 2.1×10^{15} sats. En caso de necesidad, estas unidades se pueden dividir aún más, sin aumentar la cantidad de valor total presente en el sistema, sino subdividiendo aún más las unidades.

Un ejemplo.

Supongamos que mañana el precio del satoshi individual es de 1 USD. Dado que el sistema actualmente no permite que unidades más pequeñas que un satoshi se muevan a través de blockchain, en este escenario, correría el riesgo de no poder realizar transacciones por debajo del 1 dólar. Si quisiéramos comprar un bien por 0,50 USD, no podríamos hacerlo.

Afortunadamente, Bitcoin es digital y en IT es posible hacer "milagros". En blockchain no tendrá más de 21 millones x 10^8 unidades de valor sin una bifurcación, pero en una segunda capa de desarrollo estos límites no existen: ya es posible usar unidades más pequeñas usando Lightning Network, sin tocar el Protocolo Base.
Por lo tanto, podremos enviar, por ejemplo, 0.5 satoshis para comprar un bien con un valor de 0.5 USD.
Gracias a esta división después de la coma, no habrá riesgo de falta de liquidez ni será necesario aumentar el límite de 21 millones de bitcoins en circulación.

Habrá unidades de valor para todos nosotros.

Si necesitaramos nuevas unidades, debido a que los bitcoins se han vuelto demasiado escasos, podríamos adoptar sub-satoshis.
En consecuencia, será posible dividir aún más bitcoins sin tener que tocar el protocolo base (BP), sino solo actuando sobre los "paquetes de unidades de valor" transferidos a través de los canales en Lightning Network.

Por eso, la circulación de nuevas unidades de valor será un hecho y será posible sin crear nuevo dinero de la nada.

En la imagen:

Para aumentar la liquidez, se ingresan nuevos billetes en el sistema de caja fiduciaria y se crean nuevas denominaciones para compensar el exceso de papel disponible.

En la versión sin efectivo fiduciario, el dinero nuevo se imprime "de la nada" y posiblemente la unidad base se modifique para simplificar el uso por parte del consumidor. La liquidez tiende a aumentar debido a la influencia directa del sistema de banca central en las políticas monetarias.
La oferta tiende al infinito: cuanto mayor es la inflación monetaria (que tiende al infinito, desde el comienzo del sistema), mayor es la

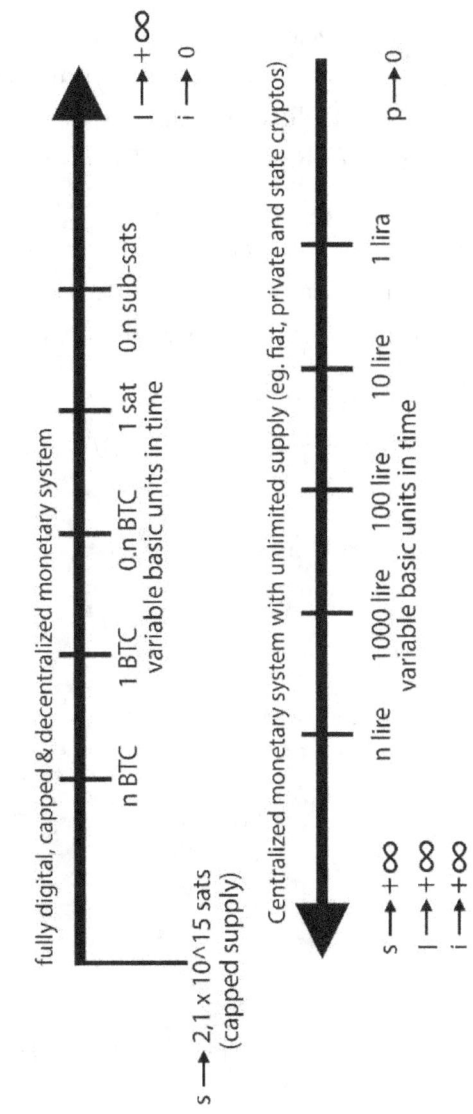

oferta.

El poder adquisitivo tiende a disminuir con el aumento de la inflación y, por lo tanto, con el suministro.

Se debe evitar la deflación.

En el ejemplo anterior, la moneda italiana, Lira, activa desde la Unidad Nacional de 1861 hasta 2002.

Desde una unidad base inicial de 1 lira, con fracciones llamadas centavos, pasamos a denominaciones más altas, como la moneda de 100 liras, y terminamos con el billete de 1000 liras, que disminuyó su valor hasta alcanzar la paridad con el dólar en 1999.

Fueron necesarios grandes recortes para compensar el aumento en el costo de la vida: el billete más grande llegó a ser de 500,000 liras. Es habitual pensar que un aumento en la cantidad de dinero presente en un sistema también aumenta el dinero disponible para el individuo porque los salarios también se volverían a calcular.

En realidad no es el caso y estos gráficos, basados en el dólar, nos muestran esto.

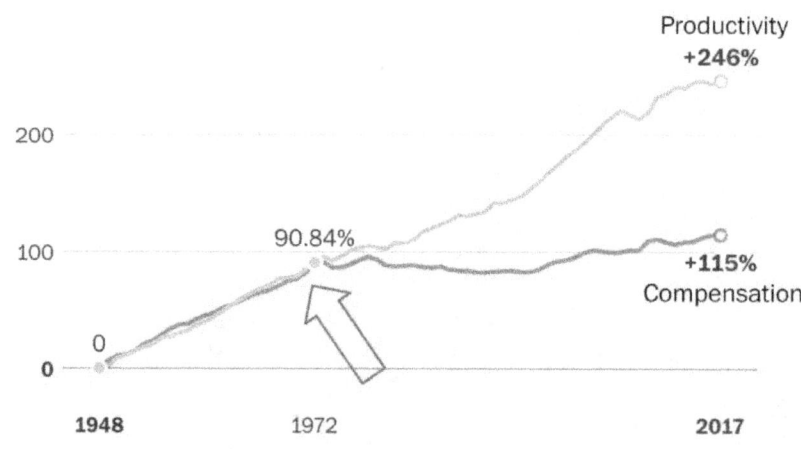

Growth in productivity and hourly compensation since 1948

Note: Compensation includes wages and benefits for production and non-supervisory workers

Source: Economic Policy Institute

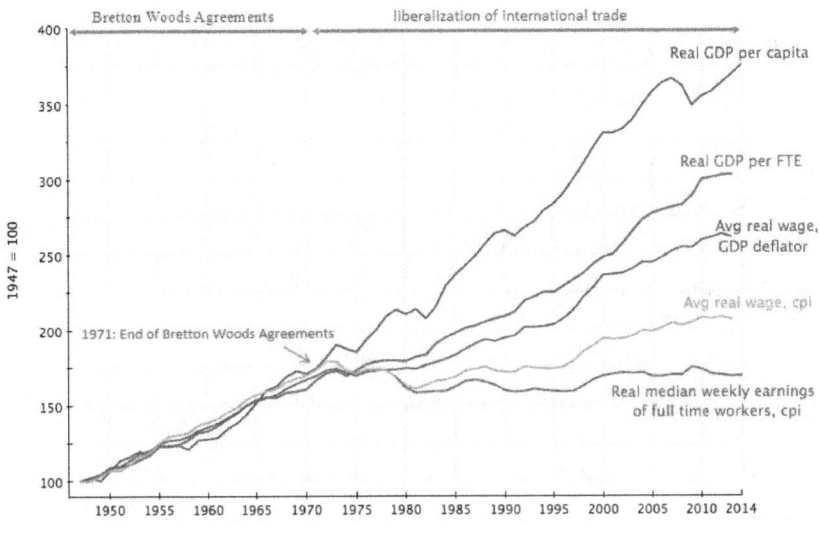

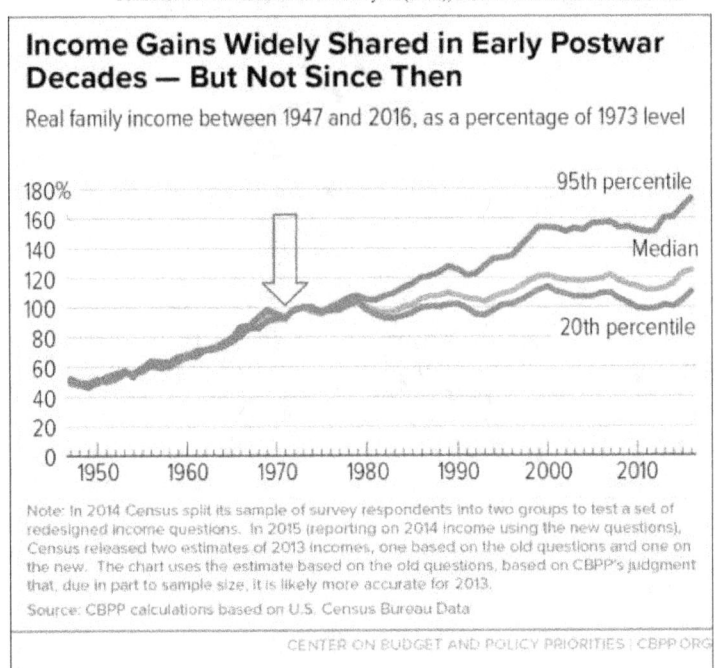

Fuente: wtfhappenedin1971.com

Después del final del Patrón Oro (1971), el aumento de la productividad y el producto interno bruto global (PDR, producto interno bruto real) no correspondía a un aumento proporcional de los salarios reales (ajustados por inflación), pese a que anteriormente estos índices continuaron ascendiendo de manera lineal y proporcional.

En Bitcoin, para aumentar la liquidez, no puede imprimir más moneda que el límite (21 millones de bitcoins) y, por lo tanto, expandir el suministro. El sistema es totalmente digital, por lo tanto, en ausencia de liquidez, esto se puede lograr mediante la división.

La unidad base se modifica hacia abajo, para simplificar el uso del usuario. El poder adquisitivo aumenta mientras que la inflación monetaria tiende a cero.

La deflación del sistema monetario deja de ser un parámetro tomado en consideración.

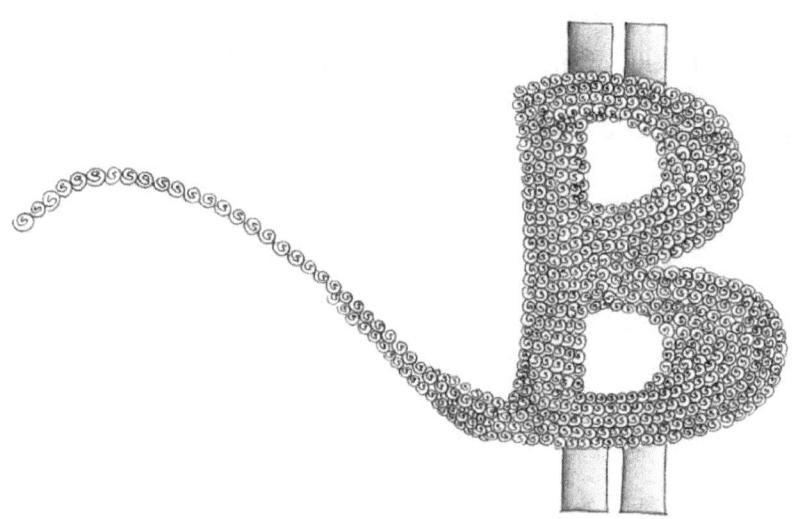

PREGUNTA 22

¿POR QUÉ DEBO CONVERTIR MIS AHORROS EN ALGO TAN VOLÁTIL?

Usted no debe.

Pero aprovecho esta pregunta para elaborar un discurso más articulado.

Algunas personas me preguntan: "*¿debería comprar bitcoin?*" O: "*¿es un buen momento para comprar?*" Mi primera respuesta es: "*Soy un técnico, no un asesor financiero*".
Si insisten, la respuesta es: "*nunca es un buen momento para comprar bitcoin, ¡pero siempre es un buen momento para comprar bitcoins!*".
A continuación explico el significado de esta frase aparentemente sin sentido.

Nunca es un buen momento si no sabes qué es, cómo funciona y por qué funciona. En pocas palabras, no compre sobre lo que no sabe. Se aplica a todo: su dinero es precioso.
No tomes el consejo de nadie, piensa con tu propia cabeza y VERIFICA.

"*Soy el verdadero Satoshi Nakamoto.*" "*No, no lo eres y, francamente, no nos importa. ¡No confiamos, lo comprobamos!*"

Siempre es un buen momento para comprar bitcoins si, después de estudiar un poco, desea comprar fracciones de bitcoins - como hemos visto, la unidad de valor básico real del sistema es el satoshi (sat), porque se ha dado cuenta de que su actual el dinero no es tan valioso como pensaba: nunca compre todo de una vez y en períodos de crecimiento de valor, sino que compre un poco a la vez (por ejemplo, el valor de un paquete de cigarrillos a la semana) posiblemente en períodos de disminución, independientemente de valor actual del bitcoin único.

¿Qué pasa si el experimento de Bitcoin falla?

¡Perderás la inversión!

Por lo tanto, nunca inviertas más de lo que estás dispuesto a perder.

¿Está dispuesto a invertir sus ahorros ganados con esfuerzo en lo que hoy es una apuesta para el futuro? Yo no.

Si, en cambio, desea gastar una cajetilla de cigarrillos a la semana, si es fumador, ¡también es saludable!

Sin embargo, la pregunta inicial nos permite analizar un poco el concepto de volatilidad.
Estoy lejos de querer detenerme en conceptos propios de un texto económico - el Patrón Bitcoin de Saifedean Ammous, es ciertamente más útil en este sentido -, pero veamos brevemente por qué la volatilidad de Bitcoin no es necesariamente mala.
Cuando tratamos con un activo volátil, se nos hace creer que su precio siempre va en la dirección equivocada y que lo hace desde que lo compramos: si compramos hoy, este activo seguramente perderá valor a partir de mañana, por lo que es no vale la pena comprarlo.
Como si la dirección tomada por la curva en el gráfico dependiera de nosotros.

De hecho, también puede ser en parte cierto.

Si compramos un activo altamente especulativo y lo hacemos en un momento de exageración, es decir, cayendo en la emoción del mercado (**FOMO**), contribuiremos a la creación de la burbuja especulativa y seguramente sufriremos las consecuencias, que en las finanzas son caídas estrepitosas del precio, seguidas de períodos de caída (**mercado bajista**) y liquidación con pérdidas, porque el razonamiento típico de quienes improvisan y se llaman "traders" es: "si el valor ha caído, volverá a caer, por lo que es mejor salir a pérdida y recuperar algo".

Di la verdad: reconoces lo que se dijo anteriormente, ¿verdad?

Casi siempre sucede cuando te acercas a Bitcoin desde un punto de vista especulativo, antes de pasar por el estudio de su tecnología.

En Bitcoin, paga por la volatilidad, pero lo hace solo cuando sale de su inversión para limitar sus pérdidas.

Sin embargo, esta volatilidad también se puede evitar si, como hemos dicho antes, compramos pocos satoshis a la vez y con constancia, independientemente del precio del bitcoin.

Si vamos a *dcabtc.com* y establecemos una inversión semanal de 5 dólares, por ejemplo, podemos ver cuántos sats habríamos acumulado en un período variable y cuánto habríamos explotado la volatilidad en el intercambio con el dólar.

Hagamos las cosas más interesantes.

En 2017 hubo una gran burbuja de Bitcoin, que elevó el precio del BTC de alrededor de 1,000 USD en abril a 18,700 en diciembre, antes de estallar ruinosamente, hasta que el valor del bitcoin alcanzó los 3,500 USD en febrero de 2019.

Incluso ahora, cuando hablo de Bitcoin, siempre hay alguien que dice: "*Yo, o un amigo mío o un conocido ...- el tema cambia de vez en cuando - ¡perdí mucho dinero con ese Bitcoin!*".

Bueno, usemos dcabtc.com nuevamente y veamos cómo esta burbuja se puede sortear sin pérdida.

Establecimos una inversión de 5 USD por semana, la acumulación durante dos años y el inicio hace dos años (de agosto de 2017 a agosto de 2019). Aunque habíamos comenzado a invertir en la burbuja completa, hoy tendríamos alrededor de 8 millones de satoshis y un aumento en el valor en USD de alrededor del 35% en comparación con lo que invertimos.

Habríamos gastado un total de 500 dólares y ahora habríamos tenido 700 USD, a pesar de que el precio actual de bitcoin es de 10,000 USD (agosto de 2019), mientras que en diciembre de 2017 compramos por 18,000 dólares.

¿Qué pasaría si limitáramos la inversión a solo un año?

Bueno, habríamos perdido alrededor del 10% de nuestra inversión, en lugar del 40% habríamos perdido si hubiéramos invertido todo mientras Bitcoin valía 18,000 USD.

Esta estrategia de inversión se llama Costo Promedio en dólares (**Dollar Cost Averaging**)* y consiste en invertir una cierta cantidad de dinero de forma regular en lugar de al mismo tiempo.

De esta manera, minimizamos el riesgo eliminando una variable, a saber, la volatilidad a corto plazo y el elemento emocional, pues ya no estamos obligados a controlar el precio del bitcoin único mientras esperamos encontrar el momento adecuado para invertir.

* *La información que se muestra antes no constituye un servicio de asesoramiento financiero de ninguna manera. Los análisis propuestos no pueden reemplazar de ninguna manera el juicio libre e informado del inversor, que siempre y exclusivamente actúa bajo su propio riesgo.*

PREGUNTA 23

¿Cuánto cuesta comprar bitcoins?

Los bitcoins, o mejor, los satoshis, representan unidades monetarias y, como tales, se pueden comprar y / o vender como otras unidades monetarias.

Cuando tenemos que viajar al extranjero y el país de destino no utiliza nuestra moneda, necesariamente debemos cambiar el dinero. Este cambio generalmente tiene lugar de dos maneras: yendo a un cambio de divisas (una tienda, una sucursal bancarao, una aplicación) o entre personas.

Un ejemplo muy trivial: si voy a Albania, sé que la moneda local es el lek. Por lo tanto, tendré que ir a un cambista de divisas para vender mis euros y comprar leks, o tendré que cambiar algunos billetes en mi moneda por un cierto número de efectivo en lek con alguna persona local, según un tipo de cambio convenido (por ejemplo 1 euro por 120 lek).

El mismo concepto se aplica a Bitcoin también.

Si quiero comprar bitcoins, tendré que vender euros, mientras que si quiero venderlos tendré que comprar euros (u otra moneda fiduciaria), y podré hacerlo en sitios especiales llamados exchanges, a través de cajeros automáticos, o directamente entre particulares.
Por lo tanto, comprar bitcoins no tiene un costo fijo, ya que se basa en un intercambio convencional, por ejemplo, el precio actual en Kraken o en Coinmarketcap, pero puede tener comisiones, especialmente si compramos en cajeros automáticos.

Estas comisiones, o tarifas, varían en promedio de 0.25% a 10% y son aplicadas por quienes nos venden bitcoins o euros.
La comisión promedio pagada en un cambio de moneda local (ATM) es del

10%; se puede deducir que, a un costo de 100 euros, obtendré una cantidad de satoshis valorada en 90 euros.

¡Tenga cuidado también a qué precio se muestra durante la fase de intercambio!

Si en el cajero automático el precio de un bitcoin completo es de 10,000 euros pero sabemos que en este momento se vende en promedio a 9,500 euros, entonces estamos en presencia de otra comisión, esta vez oculta.
Tomando el ejemplo nuevamente: si vendemos 100 euros en este cajero automático obtendremos 0.009 bitcoins o 0.01 bitcoins menos el 10% de comisión. En satoshi hay 900,000 sats (es decir, 1 millón de satoshis menos 10%).
Si el tipo de cambio se hubiera basado en el precio promedio, habríamos obtenido alrededor de 0.00947368 bitcoins, o 0.01052632 bitcoins menos 10%. En satoshi son 947,368 sats.
De los 100 euros, el cajero automático ha mantenido 10 euros de comisiones más unos 5 euros de tarifas "ocultas".
Puede parecer poco, pero con 1.000 euros comienzan a convertirse en comisiones importantes.
Además, si una persona piensa en satoshi y considera el aumento potencial en el valor por unidad a medida que pasan los años, ¡47 mil satoshis menos no son pocos!

Depende de nosotros elegir el tipo de cambio más conveniente, tal como lo haríamos cuando tengamos que cambiar euros por dólares o, tomando mi ejemplo, euros por lek u otra moneda local.

PREGUNTA 24

¿POR QUÉ NO DEBO MANTENER MIS BITCOINS EN UNA CASA DE CAMBIO (EXCHANGE)?

Podemos comprar bitcoins (o satoshis) incluso en una casa de cambio en línea, pero nunca debemos mantener nuestros fondos allí. La razón es bastante simple: no tenemos la llave privada de nuestro monedero en el exchange, ya que este nos proporciona una monedero de custodia.

Imagine que desea convertir euros en dólares: ¿confiaría en dejar su dinero en la bolsa local después de convertirlos?

Para comprender mejor los peligros de no tener sus propios fondos directamente usando la llave privada, los invito a leer el capítulo *¿Alguna vez alguien ha robado bitcoins del sistema?*

Entonces, usemos el intercambio para la compra de satoshis y guardarlos de manera temporal, si quisiéramos usarlo para realizar actividades comerciales, ¡pero recuerde que NO proporciona un monedero sin custodia!

PREGUNTA 25

¿POR QUÉ EL ORO DIGITAL ES MEJOR QUE EL ORO MATERIAL?

A menudo, bitcoin, como unidad monetaria, es llamado "**oro digital**".

La razón de esta definición está relacionada principalmente con dos características compartidas por bitcoin y oro: **son bienes escasos y son difíciles de producir.**

¡No tiene nada que ver con el precio del bitcoin o el valor atribuido al Protocolo de Bitcoin!

Si mañana el bitcoin costara 100 euros en lugar de 10,000, las dos propiedades mostradas antes seguirían siendo válidas.

El oro es actualmente una mejor resguardo de valor (**Store of Value**, SoV), simplemente porque ha tenido más tiempo para consolidar su posición en el mercado.
A nivel teórico, Bitcoin también debería constituir una reserva de valor con el tiempo y, por lo tanto, permitir al usuario mantener su poder adquisitivo o incluso aumentarlo.

Sin embargo, Bitcoin tiene características que lo hacen mejor que el oro como medio de intercambio.

Vamos a verlos juntos.

Main features	GOLD SYSTEM	BITCOIN SYSTEM
FUNGIBILITY	High fungibility with gold. Low fungibility with digital gold tokens, subject to seizure	Medium fungibility on blockchain. High fungibility with satoshi on second layers
DURABILITY	High durability	Private key can be lost. Digital cash is unseizable, unhackable, undestroyable
PORTABILITY	Good for medium trades bad for big trades	Excellent portability Digital only
DIVISIBILITY	Good divisibility	Excellent divisibility
SECURITY	Exposure to counterfeit Funds management personal or by a third party	Granted by decentralization and PoW Not your keys, not your BTC
COUNTERFEIT	Counterfeiting affects certified marks	Impossible to counterfeit a private key
EASY TO TRANSACT	High amount transactions are expensive and complex	P2P Transactions Can be expensive on blockchain, cheap or free on second layers
SCARCITY	Good scarcity (now) but unpredictable supply	Predictable circulating and total supply

FUNGIBILITY: Anteriormente hemos dicho que este término indica un activo que puede intercambiarse por otro de igual valor atribuido.
Por ejemplo, podemos intercambiar una moneda de oro de 10k por otra que tenga las mismas características químicas / físicas.
En el entorno digital, es difícil garantizar la fungibilidad en un contexto en el que un tercero puede intervenir y cancelar transacciones o confiscar dinero. Mi dinero podría estar "sucio" y, por lo tanto, no ser tan bueno como el tuyo. Bitcoin intenta resolver este problema introduciendo el concepto de irreversibilidad de las transacciones y excluyendo a terceros de confianza.

El nivel de fungibilidad del oro sin marcar es más alto que el de Bitcoin, si consideramos los intercambios de bitcoin en blockchain, mientras que es comparable si consideramos los pagos a través de la Lightning Network.

DURABILITY: el oro, como bitcoin no es perecedero, una característica excelente si desea utilizar estos productos como dinero.

PORTABILITY: la portabilidad del oro es buena si consideramos las negociaciones pequeñas (por ejemplo, comprar un automóvil), es muy mala teniendo en cuenta intercambios muy grandes.
La portabilidad de bitcoin es excelente y no depende del medio utilizado (solo una aplicación en el teléfono).

DIVISIBILITY: ambos activos son divisibles, pero Bitcoin es más adecuado para micropagos (en Lightning Network). Bitcoin es divisible hasta 8 decimales para las transacciones en la blockchain, mientras que puede alcanzar las cifras por debajo del satoshi, para aquellos que las necesiten en la Lightning Network. Esta facilidad en la división es posible porque el activo de bitcoin es completamente digital.

SECURITY: la seguridad de Bitcoin está dada por su descentralización y la potencia de cómputo utilizada por los mineros para soportar la red (hashrate). Cuanto mayor sea este poder de cálculo y el número de mineros, menor será la posibilidad de que las transacciones se reescriban o se vuelvan reversibles. Actualmente (agosto de 2019), Messari (messari.io) calcula que el costo de un ataque a la red de Bitcoin es de aproximadamente 160,000,000 de dólares por día, con un atacante que puede recolectar y administrar directamente más del 50% de la potencia de cómputo del sistema.

#	Asset	Price USD	Liquid Marketcap	%down from ATH	Attack Cost / day
1	Bitcoin . BTC	$10,240.76	$183,647,997,296	49%	$162,802,381
4	Bitcoin Cash . BCH	$295.64	$5,326,442,366	93%	$4,196,731
2	Ethereum . ETH	$178.68	$19,165,401,626	88%	$3,586,672
9	Bitcoin SV . BSV	$116.75	$2,100,965,575	54%	$1,948,947
29	Dogecoin . DOGE	$0.00240	$287,236,259	87%	$578,826
5	Litecoin . LTC	$67.65	$4,284,772,485	82%	$561,758
28	Zcash . ZEC	$44.01	$326,274,841	95%	$559,630
16	Dash . DASH	$91.27	$824,522,444	94%	$516,817
42	Ravencoin . RVN	$0.0306	$134,970,693	61%	$297,823
17	Ethereum Classic . ETC	$6.13	$697,242,443	87%	$239,321

Por lo tanto, la red se considera relativamente segura, dada la imposibilidad de que un atacante coordine un ataque similar y la tendencia del sistema a aumentar el hashrate total, actualmente cercano a los 100 millones de TH / s. En cambio, la seguridad individual viene dada por la capacidad de los usuarios de proteger sus llaves privadas (consulte *"¿Alguien ha robado alguna vez bitcoins del sistema?"*).

Por otro lado, la seguridad del oro viene dada por factores como:

- exposición a la falsificación
- gestión de fondos por particulares
- gestión de fondos por un tercero
- susceptibilidad a las incautaciones por parte del Estado u otra entidad legal

La falsificación es un problema que también afecta a las instituciones que almacenan y administran fondos; si es cierto que se puede descubrir fácilmente una falsificación de minerales, también es cierto que es posible que las marcas estampadas en las barras de oro sean falsas.
Recientemente se descubrió que barras de oro falsificadas se almacenaban en las bóvedas de JP Morgan Chase & Co., por un valor de 50 millones de euros. Las falsificaciones son sofisticadas, por lo que es posible que aún no se hayan identificado otros miles de lingotes de oro falsos. [31]

Las falsificaciones son "oro". Las marcas en las barras son falsas. Esta falsificación es una forma relativamente nueva de romper las medidas globales tomadas para bloquear los "minerales de conflicto" ("minerales de sangre"), es decir, que provienen de zonas de conflicto y se venden principalmente para perpetuar guerras y facilitar el lavado de dinero.

En consecuencia, pasamos al cuarto factor mencionado anteriormente, a saber, la susceptibilidad a las incautaciones por parte del Estado, menor en Bitcoin gracias al pseudoanonimato del sistema en sí.

La gestión de los fondos de oro, especialmente cuando se trata de grandes sumas de dinero, se lleva a cabo a nombre de terceros de confianza: típicamente bancos, sujetos a regulaciones. En cuanto a Bitcoin, esto se puede hacer con total autonomía, incluso en grandes cantidades.

Para cantidades menores, el oro puede ser relativamente simple de almacenar, pero está más sujeto al riesgo de robo o extorsión que Bitcoin: sin duda es más fácil mantener una hoja que contenga una llave privada, o incluso memorizarla, que almacenar y asegurar 1 Kg de oro.

La gestión de los fondos por un tercero implica una centralización de los recursos que expone los peligros expresados en el capítulo *¿Por qué se creó Bitcoin?*, en particular si el sistema de gestión de la institución está centralizado y el oro está "tokenizado", es decir representado por un token digital emitido por la institución.

EASY TO TRANSACT: las transacciones en oro por grandes cantidades son caras y complejas. Requieren una coordinación intensiva y comisiones muy altas, a menos que el ativo esté tokenizado.

Las transacciones de Bitcoin son casi inmediatas (en algunos casos horas para Bitcoin en la blockchain; días / semanas / meses para el oro físico) y se pueden realizar directamente entre las dos partes que desean intercambiar valor.

SCARSITY: ambos activos son escasos, pero la cantidad de unidades de valor en el sistema Bitcoin es totalmente predecible (**suministro predecible**), mientras que no lo es para el oro.

El descubrimiento de un gran yacimiento de oro podría provocar un shock en el mercado global con una consecuente reducción en el papel del oro como resguardo de valor, hasta el punto de reducir su uso únicamente para fines secundarios (por ejemplo, industria informática, tecnología, muebles). Estas no son hipótesis remotas: con el refuerzo de la industria espacial será posible buscar depósitos de metales preciosos en cuerpos celestes relativamente cercanos y tomarlos.

Bitcoin se creó con el propósito expreso de actuar como una unidad monetaria y potencialmente podría reemplazar al oro como un resguardo de valor global.

PREGUNTA 26

¿Qué es la Lightning Network?

Lightning Network (LNP) es una estructura de canales de pago abiertos entre particulares y / o empresas. Cada miembro de la red puede crear su propio nodo, equipado con un monedero, en el que puede guardar una cierta cantidad de satoshis, o puede confiar en un servicio de custodia, con todos los problemas que eso implica.

Cuando un usuario desea enviar un pago a otra persona o servicio en la red, puede abrir un canal de comunicación con él, dentro del cual viajarán los satoshis, al igual que los paquetes de datos enrutados en los protocolos de transporte (como TCP), viajan entre los dispositivos conectados a Internet. La discusión sobre la estructura subyacente al Internet es un poco complicada, por lo que la veremos más adelante.

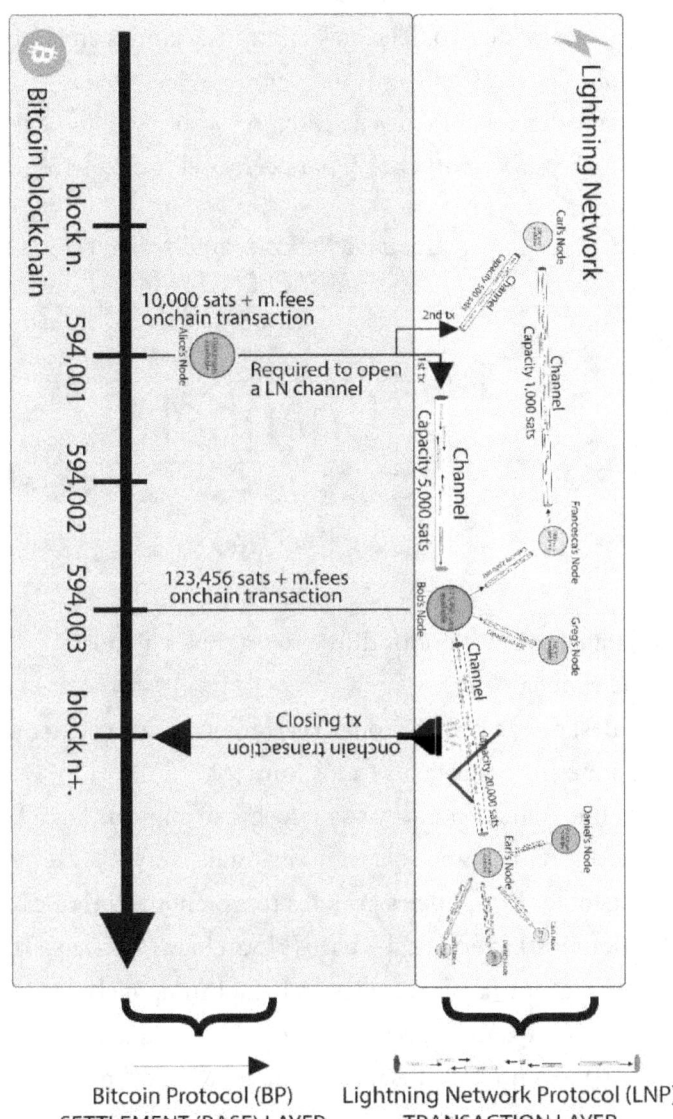

En la imagen de la página anterior: las flechas negras que provienen directamente de los nodos representan transacciones en la blockchain, mientras que las que están dentro del canal son transacciones en la Lightning. Por convención, solo se muestran tres transacciones relacionadas directamente con la cadena de bloques de Bitcoin y se utilizan para abrir dos canales, Alice con Bob y Alice con Carl, y para cerrar el canal que Bob abrió con Earl.

Todas las demás flechas negras fuera de los canales también representan transacciones en la blockchain.

Alice abrió dos canales con dos nodos diferentes a través de dos transacciones en la cadena.

Dentro de los canales, puede realizar todas las transacciones que desee, sin esperar confirmaciones ni pagar tarifas a los mineros.

Bob cierra el canal que tiene con Earl y sus satoshis se manejarán en la cadena de bloques, a través de una sola transacción de cierre.

En la primera imagen, los dos paneles grandes representan simbólicamente las dos capas: **Settlement Layer**, la capa base (blockchain), y la capa de transacciones, **Transaction Layer** (canales en la Lightning Network).

La representación de la capa de transacciones más correcta debe considerar solo los canales de pago y no las transacciones fuera de ellos; pero por razones relacionadas con la simplificación de la representación en niveles, se ha elegido esta solución.

Un ejemplo.

Imagina que estás en un grupo de cinco amigos con una cita fija: el viernes por la noche en el bar. Cada vez que van a beber y comer juntos, van a la caja del bar y se les divide la factura para que todos paguen por lo que han consumido.

El dueño del bar tendrá que imprimir más facturas, pasar algún tiempo para recoger el dinero de cada individuo, aumentando la fila frente al cajero y tener cuidado de completar el monto total correcto. En resumen, este sistema es ineficiente; es lento, costoso, definitivamente no escalable.

Ahora supongamos que usted y sus amigos quieren hacer las cosas de manera más eficiente.

Calcule que cada mes gasta un promedio de 100 satoshis cada uno.

Podrían poner estos 100 satoshis en un fondo común y mantener a cada uno de ustedes la factura de los gastos realizados.

Una vez que llegue a la caja del bar, puede pagarle al propietario una suma global, sabiendo que ninguno de ustedes perderá porque sabe exactamente cuánto gastaron los demás.

Así, a partir del mes siguiente, si Alice, un miembro del grupo, gastó 50 satoshis, añadirá 50 satoshis al fondo común; si Bob ha gastado 20, agregará el mismo número para alcanzar los 100 satoshis, y así sucesivamente.

El fondo común también podría ser útil fuera del bar: si Bob quiere comprar una pizza que cuesta 5 satoshis pero no tiene dinero con él, podría pedir un préstamo del fondo común que tiene con sus amigos y añadir 5 satoshis en el próximo gasto en el bar.

En una factura de bar de 20 satoshis cada uno, Bob pagará 24 y todos los demás 19.

Teóricamente, estos gastos adicionales pueden tener lugar un número infinito de veces, lo importante es que cada miembro del grupo realiza un seguimiento de los gastos y que cada mes todos tienen un saldo de 100 satoshis.

Esto es similar a lo que sucede con la segunda capa de Bitcoin llamada Lightning Network [32].

Usted y sus cuatro amigos abren un canal de pago (en el ejemplo, el fondo común) ejecutando una sola transacción cada uno en la cadena de bloques de Bitcoin.

En lugar de ser una transacción estándar, que requiere una sola firma para gastar los fondos, esta es una transacción de múltiples firmas (**multi-signature** o multisig). Las transacciones de firma múltiple son, en pocas palabras, transacciones complejas y programables, que permiten la participación de diferentes partes. Las personas no pueden realizar transacciones externas sin la autorización (firmas) de otros participantes del grupo.

Los fondos de los participantes están anclados a la cadena de bloques de Bitcoin, mediante un contrato de firma múltiple y ahora los miembros pueden enviar transacciones entre ellos, dentro del canal, sin la necesidad de transmitir todo a la cadena de bloques inmediatamente.

El canal requiere que se inserten fondos dentro de él: es necesario que al menos una de las partes involucradas en la apertura del canal deposite estos fondos.

Este dinero insertado en el canal de pago se llama **capacidad del canal** (Channel Capacity), es decir, la capacidad de satoshis del canal que acaba de abrir.

Los participantes del canal realizan un seguimiento del saldo, y solo envían el último saldo del canal a la cadena de bloques de Bitcoin si desean cerrarlo..
Entonces, si Bob quiere salir del fondo común, puede hacerlo: se calculará su deuda con el fondo y podrá sacar los satoshis que quedan de Lightning Network, de vuelta a la cadena de bloques, menos la tarifa de minería habitual para la cadena en cadena transacción.

Entonces, ahora entendemos por qué dijimos que **Lightning Network es una estructura de canales de pago donde los usuarios pueden intercambiar** satoshis directamente entre ellos, sin que un minero recolecte sus transacciones y las inserte en un nuevo bloque de la blockchain de Bitcoin.

Las únicas tarifas de minería que usted y sus amigos tendrán que pagar serán las de enviar satoshis a un nodo de Lightning para abrir un canal de pago con él, y las de cerrar el canal, con el consiguiente envío de los satoshis restantes a la cadena de bloques de Bitcoin, en lugar de todos los pagos derivados de las transacciones particulares en la cadena que normalmente tendría que hacer. Para cada canal que desea abrir, se establece una capacidad de canal: digamos que tengo 0.01 BTC en mi billetera, o 1 millón de satoshis. Podría decidir abrir un canal directo con un amigo mío con una capacidad de 1,200 satoshis, uno de 10,000 satoshis con mi pub favorito y muchos otros. Entonces podré ejecutar todas las transacciones que quiero usando estos canales sin tener que cerrarlas. El pub, por otro lado, puede de vez en cuando decidir transferir satoshis a su billetera fría onchain, solo para mantener cantidades importantes fuera de línea y protegidas gracias a la (tendencia a) la inmutabilidad del libro mayor de Bitcoin.

No solo canales directos

Si Lightning Network permitiera la transferencia de satoshis solo a canales directos, sería completamente inútil, o mejor, su utilidad sería solo para pagos recurrentes entre dos personas y / o empresas en contacto directo. En realidad, esta red permite tener lo que en la jerga bitcoiner se conoce como enrutamiento de pago (**Payment Routing**): puedo enviar satoshis incluso a aquellos que no están directamente conectados a mí, a través de "saltos" entre nodos.

Imagine que un amigo tiene que pagar por su cerveza en el bar, pero no tiene un canal de pago directo con el lugar.
En lugar de abrir un canal nuevo, con la tarifa resultante a pagar y el tiempo de espera, ya que tendría que esperar la confirmación de la transacción en la blockchain, puede leer la factura del bar y pagar: los satoshis primero pasarán por un canal abierto por nuestro amigo con otra persona y saltará de un

usuario a otro hasta que lleguen a alguien cuyo monedero tiene un canal directo con el bar.

En nuestro ejemplo, si nuestro amigo tiene un canal directo con nuestro nodo y nosotros tenemos uno con el bar, podría suceder que los satoshis pasen primero por nuestro nodo y luego lleguen al nodo del bar.

Cuantos más nodos estén disponibles en la Lightning Network, más fácil será realizar estos pagos indirectos. ¡Pocos nodos significan una alta posibilidad de que el pago no sea exitoso!

Es como si, en el mundo material, tuviéramos que pagarle a una persona que está en otra ciudad usando billetes: podemos entregar el dinero a uno de nuestros conocidos y esto se lo entregará a otras personas, hasta que llegue al destinatario final.

Obviamente, aunque es similar a un sistema de pago indirecto del mundo material, aquí no hay peligro de que uno de los participantes a cargo de entregar el dinero se quede con el botín antes de entregarlo al siguiente. La red se basa en contratos inteligentes (**Smart Contract**) y no en la intervención directa de personas.

Por lo tanto, Lightning constituye una verdadera red P2P, en total conformidad con el resumen del documento técnico de Bitcoin creado por Satoshi Nakamoto, mientras que la capa base (settlement), con su cadena de bloques, es más similar a un sistema de transmisión, ya que la transcripción de la transacción y por lo tanto su La irreversibilidad depende de los mineros.

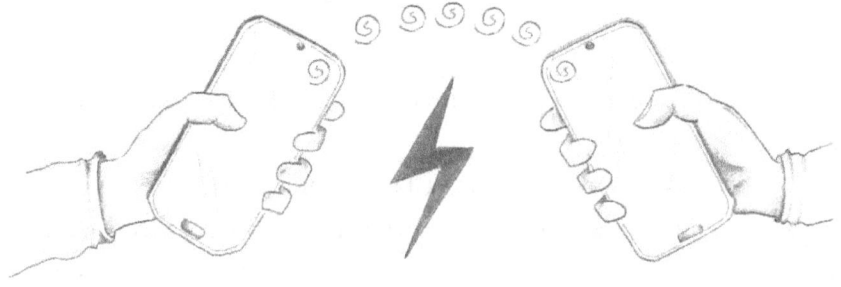

PREGUNTA 27

¿QUÉ ES UN SIDECHAIN?

Una cadena de bloques lateral (sidechain) es una cadena de bloques alternativa a la cadena de bloques de Bitcoin y constituye una solución externa para la escalabilidad.

Esta cadena contiene tokens que representan una cierta cantidad de bitcoins: cuando desea usarla, envía una cierta cantidad de BTC a un contrato inteligente que los mantendrá bloqueados y le permitirá realizar algunas transacciones con estos tokens. Si el usuario desea salir de la sidechain, podrá obtener sus bitcoins nuevamente al devolver los tokens a la dirección especificada por el contrato inteligente.

La cadena lateral más famosa de Bitcoin es actualmente es **Liquid, de Blockstream.**

Las soluciones de cadena lateral no son comparables a la cadena de bloques de Bitcoin desde el punto de vista de la descentralización. Estas redes están en manos de federaciones, donde el número de nodos es limitado para garantizar una mayor velocidad de ejecución de las transancciones.

Al considerar el uso de cadenas laterales observamos que se hace principalmente para aprovechar características que no están presentes en la blockchain de Bitcoin, o para tener transacciones más rápidas, o más orientadas a la privacidad.

Sin embargo, la confianza entra en juego: debemos confiar en que los diversos miembros de la federación verdaderamente tienen una reserva del 100% de los activos representados por sus tokens, y que estos nodos existen en un número suficiente para no ser atacados fácilmente desde el exterior, garantizando que la red no quede deshabilitada.

PREGUNTA 28

¿Fue Bitcoin inventado por la NSA americana (Agencia Nacional de Seguridad)?

No conocemos la verdadera identidad de Satoshi Nakamoto. Ni siquiera sabemos si es una sola persona o un grupo de investigadores y desarrolladores se escondió bajo este seudónimo.

Entonces, ¿de dónde viene esta creencia de que la NSA podría estar detrás del desarrollo de Bitcoin?

Encontramos la primera pista en el algoritmo utilizado para los hash en Bitcoin: el SHA256.
SHA es un término que designa una familia de funciones hash criptográficas inventadas por la NSA, en las que también encontramos la SHA256.

Pero entonces, si la NSA inventó estas funciones criptográficas y si esta agencia es conocida por su labor de espionaje, incluso contra ciudadanos individuales, ¡seguramente debe haber algo siniestro en Bitcoin!

Comencemos diciendo que muchas de las tecnologías que usamos hoy en día han sido objeto de investigación por parte de agencias estatales o paraestatales.
Un ejemplo de esto es Internet, derivado de Arpanet, una red de interconexión creada en 1969 por la Defensa de los Estados Unidos.

Y, sin embargo, usamos Internet, y también podemos hacerlo combatiendo la censura impuesta por los Estados.

¿Por qué?

El concepto de código abierto, ya analizado previamente, vuelve a escena.

Estas son tecnologías abiertas, realizadas por actores que podrían explotarlas con fines antitéticos pero utilizables por todos y, sobre todo, analizables.
Por lo tanto, volviendo al SHA256, debe decirse que es un estándar abierto y que a lo largo de los años ha sido analizado por cientos de miles de investigadores y desarrolladores.
Es poco probable que la NSA haya insertado una puerta trasera en el código y que aún no se haya identificado.

Además de las razones técnicas que llevaron a la difusión de esta creencia, (que la NSA puede estar detrás del desarrollo de Bitcoin), también existen varios documentos que, si se analizan mal, pueden llevar a ciertas conclusiones equivocadas.

Uno sobre todo es *CÓMO HACER UNA CUÑA: LA CRIPTOGRAFÍA DEL EFECTIVO ELECTRÓNICO ANÓNIMO* por Laurie Law, Susan Sabett, Jerry Solinas. [33]

Este no es un documento técnico que describe una tecnología propuesta o creada por los autores del documento, pero es un estudio interesante de la NSA sobre las tecnologías existentes, en particular sobre los problemas críticos del sistema monetario sin efectivo y las compensaciones del nuevo sistema de efectivo electrónico.
Las invenciones de la NSA no se realizaron.
Se analiza el sistema de firmas ciegas inventado por David Chaum, luego aplicado en eCash, pero sobre todo el término Efectivo Electrónico (Electronic Cash), que está bien descrito, como en Bitcoin, e indica la portabilidad del concepto de efectivo material en el mundo digital, con todo el debido respeto de aquellos que todavía creen que efectivo significa solo "dinero gastable" (medio de intercambio) y, por lo tanto, se oponen al concepto de resguardo de valor.

En retrospectiva, es interesante ver que no había mucho para llegar a Bitcoin y que los intercambios y las críticas ilustradas aquí podrían resolverse con la descentralización "simple" del sistema.

PREGUNTA 29

¿Es verdad que los criminales utilizan Bitcoin?

¡Por supuesto!

Los criminales usan Bitcoin así como utilizan otras tecnologías como el Internet, los teléfonos inteligentes, las computadoras, los automóviles, etc. Diré más: parece absurdo, pero los criminales ¡usan el dólar! como principal medio de intercambio.

Fuera de ironías, la objeción planteada por algunos sobre el uso que los delincuentes pueden hacer de Bitcoin es, cuando menos, ridícula.
La gente usa Bitcoin para las compras más diversas: casas, automóviles, tecnología, drogas, mercancías ilegales.

En resumen, es un medio de intercambio y se usa como los demás.

Por lo tanto, es una tontería preocuparse por los usos que hace del dinero. Por el contrario, tendríamos que preocuparnos porque el dinero que utilizamos resulta estar condicionado por una autoridad central, de alguna manera castrada y, por lo tanto, ya no neutral.

Andreas M. Antonopoulos, profesor y autor de libros sobre Bitcoin, como por ejemplo, *Mastering Bitcoin* y el *Internet of Money*, suele explicar esta asociación entre Bitcoin y las compras "prohibidas" de esta manera:

"La gente me pregunta, ¿no te preocupa el hecho de que puedes comprar drogfas con este dinero (bitcoin)?
En lo que a mí respecta, no conozco ninguna forma de dinero con la que no pueda comprar drogas. Más específicamente, las drogas son el segundo producto más comercializado después de la comida en el mundo, y lo han sido

en los últimos ciento cincuenta mil años. Si no pudieras comprar drogas con tu dinero, diría que en realidad no es dinero.

Entonces, uno de los criterios de dinero es que puede comprar productos y servicios y si no puede comprar el segundo bien más comercializado en el mundo con él, entonces no es dinero real".

No creo que haya una mejor respuesta.

Además, se podría abrir un gran debate sobre qué es ilegal y qué no.
En un contexto global, por ejemplo, ¿se puede definir la compra de cannabis como "ilegal"?

Definitivamente no.

De hecho, hay Estados en los que la compra de cannabinoides y opioides es totalmente legal, otros en los que está restringido y otros en los que está absolutamente prohibido, con penas que van desde simples multas hasta, desafortunadamente, la muerte.

Piense. En algunos países es ilegal incluso comprar alcohol. Mientras que en Europa la prohibición es solo para menores, en otros lugares incluso es ilegal comprar algunos géneros literarios.

En resumen, Bitcoin es un excelente sistema de pago también y sobre todo por el hecho de ser neutral, no condicionado por la política de quienes usan bitcoins o quienes controlan grandes capitales.

No se puede decir lo mismo sobre el dólar (o el euro).

DOMANDA 30

¿Alguien ha robado bitcoins del sistema?

No.

No es posible, debido a la tecnología y los algoritmos de cifrado utilizados, robar bitcoins del sistema.

No puede descifrar una llave privada y apropiarse de los fondos.

Según una definición proporcionada por Bellaj Badr, CTO y fundador de Mchain: *"Una llave privada de Bitcoin (llave ECC) es un número entero entre uno y aproximadamente 10 ^ 77. Esto puede no parecer una gran selección, pero para fines prácticos es esencialmente infinito. Si pudieras procesar un billón de llaves privadas por segundo, se necesitarían más de un millón de veces la edad del universo para contarlas todas. Peor aún, solo enumerar estas claves consumiría más que la producción total de energía del sol durante 32 años. Este amplio espacio de llaves juega un papel fundamental en la seguridad de la red Bitcoin."* [34]

Es diferente si, en cambio, consideramos el robo de bitcoins a los usuarios o la pérdida de las llaves privadas.
Según una clasificación proporcionada por Airbitz Inc., las mayores amenazas para los fondos de los usuarios son, en orden de importancia estadística: [35]

1. Error de usuario (dispositivos perdidos, copias de seguridad perdidas, etc.) Ingeniería social (phishing, hackeo de SIM, etc.)
2. Riesgo de custodia de terceros (cambio o piratería bancaria, fraude)
3. Malware (keyloggers, capturas de pantalla)
4. Ataque físico (Ataque con llave (5$ wrench attack) / pistola / cuchillo)

Como se mencionó anteriormente, si utilizamos una aplicación que no nos permite hacer una copia de seguridad de nuestras llaves privadas y perdemos nuestro dispositivo, hemos perdido fondos. Por lo tanto, use siempre aplicaciones que le permitan transcribir llaves privadas.

Eso, sin mencionar que si perdemos nuestro monedero de papel que contiene las copias de seguridad de las llaves privadas, nos volveremos a joder. El error del usuario es, como en muchas otras áreas, en primer lugar entre las causas de pérdida de fondos.

La segunda causa es el ataque de otras personas que utilizan la denominada ingeniería social, que se realiza en particular a través del phishing o suplantación.

El **phishing** es un tipo de estafa en línea que implica tratar de lograr que la víctima libere datos confidenciales, en este caso, acceso a nuestro monedero electrónico.

Esta estafa se lleva a cabo principalmente a través de canales de comunicación como el correo electrónico y las aplicaciones de mensajería (Telegram, WhatsApp): el atacante generalmente envía el enlace a un sitio aparentemente confiable y solicita ingresar claves privadas, o incluso le pregunta directamente al usuario.

La custodia de fondos con terceros generalmente ocurre cuando el usuario deja sus bitcoins en un exchange que, al ser un sistema centralizado, está expuesto a todos los riesgos inherentes a dicho sistema: piratería, ataques DDoS, caídas técnicas, etc. Hay muchos casos de exchanges hackeados y privados de fondos de los usuarios.

El caso más llamativo es sin duda el de MtGox, un exchange con un historial problemático de investigaciones, hackeos y quiebras. Debido a los ataques de hackers informáticos, la compañía perdió alrededor de 850,000 bitcoins, que en comparación con el valor actual de bitcoins en USD, equivaldrían a más de 8 mil millones de dólares.

El último gran ataque a una casa de cambio ocurrió en mayo de 2019 contra Binance. ¡Se robaron 7000 bitcoins en una sola transacción sin que el exchange se diera cuenta!

La prensa tiende, intencionalmente o por simple ignorancia, a asociar estos ataques y estas pérdidas con una supuesta falta de seguridad de la red Bitcoin. Esto es absolutamente falso porque, como hemos dicho, son los exchanges, los sistemas centralizados y sus usuarios, los que están expuestos a los mismos riesgos que las instituciones de crédito, no la red de Bitcoin. Son ellos los que fueron y siguen siendo atacados.

Para todas las situaciones descritas anteriormente, se aplica lo siguiente: *"No son tus llaves, no son tus bitcoins"* (Not your keys, not your bitcoins).

El usuario que se adentra en Bitcoin debe comprender que los fondos son administrados en su totalidad por él mismo, y no por un tercero. Somos nuestro banco y debemos asegurar nuestro propio dinero.

Hay muy poco que decir sobre el ataque físico: siempre protéjase y proteja a sus seres queridos, incluso antes de proteger su dinero. La única sugerencia que puedo darle es usar un respaldo espejo: deje una cantidad baja de fondos en un monedero de papel y colóquelo en un lugar que sea fácilmente accesible.

Si los delincuentes alguna vez te obligan a darles tus bitcoins, puedes dar esta billetera de papel, sabiendo que no has perdido todo tu capital.

PREGUNTA 31

¿QUÉ SIGNIFICA MAXIMALISTA DE BITCOIN?

El término "**maximalista de Bitcoin**" nació como una burla de los partidarios de las criptomonedas alternativas contra aquellos que hasta entonces simplemente se llamaban bitcoiners.

Vitalik Buterin, creador de Ethereum, en su artículo titulado *"On Bitcoin Maximalism, and Currency and Platform Network Effects"* - sugiero leerlo porque es muy interesante - comienza describiendo el maximalismo de Bitcoin como: *"la idea de que un entorno de competencia múltiple entre criptomonedas no es deseable, que es un error lanzar "otra moneda", y que es justo e inevitable que la moneda bitcoin tome una posición de monopolio en la escena de las criptomonedas."* [36]

Como dije, el artículo es muy interesante, pero Vitalik, un genio sin ninguna duda, insiste en esta superposición entre la moneda bitcoin y el protocolo, lo que genera confusión, no se sabe si es deliberada o inconsciente. Incluso describe al bitcoiner maximalista como aquel que ve positivamente el monopolio de un activo dentro de un mercado libre.

Bueno, a partir de ese artículo, muchos bitcoiners comenzaron a jugar, definiéndose a sí mismos como maximalistas, no porque se encontraran conformes con la descripción proporcionada por Vitalik, sino porque básicamente no reconocen la necesidad de crear diferentes infraestructuras, - sobre todo Ethereum -, sobre las cuales construir su sueño libertario.

Pero ya sabes, ¡la broma ha ido demasiado lejos!

Han llegado nuevos maximalistas, que tal vez se convirtieron en tales después de haber sufrido reveses del mundo de las criptomonedas o tras haber sido víctima de una estafa (¿quién no se levantó la mano? ¡Los entiendo!), que sin embargo han cometido el error de aceptar la definición dada por Buterin, sin estudiar las razones que empujan a un usuario a reconocer la practicidad de un único protocolo seguro para el intercambio de valor entre pares sin terceros de confianza.

Este maximalismo de Bitcoin no es realmente así: lo llamaría **maximalismo de BTC**, porque el enfoque es el activo de bitcoin, en lugar de ser sobre la red de Bitcoin.

Desde mi punto de vista, debemos centrarnos en Bitcoin y dejar de lado al resto, (el llamado mundo de las criptomonedas), no (solo) porque el activo de bitcoin es actualmente el único con la posibilidad de ser reconocido como un medio de intercambio global y una resguardo de valor, sino también, y sobre todo, porque la red Bitcoin es la única que tiene la posibilidad de convertirse en un estándar en el intercambio de valor entre pares sin un tercero de confianza.

Si analizamos la historia de Internet, el único elemento real de comparación en el campo tecnológico, vemos que en realidad varios sistemas, cada uno con sus propias reglas, sus protocolos, competían entre sí al principio. En esta "guerra fría" entre estándares, ¿quién ganó según usted?
No las redes corporativas centralizadas y autorizadas, sino la red global de código abierto y sin permiso que ahora conocemos como Internet.
Pero, ¿cómo prevaleció un sistema que no se impuso sobre sistemas aún más eficientes, administrados principalmente por una sola entidad, ya sea una empresa, un consorcio o una federación?
Más que buscar la eficiencia pura del sistema, medida en términos de velocidad y capacidad, se le dio prioridad a la eficiencia de las comunicaciones y a lo que se convertiría en el propósito de la existencia misma de una red de interconexión global: compartir.
Por lo tanto, por un lado, había redes intra-corporativas, altamente eficientes, rápidas pero cerradas, y por otro, redes de institutos de investigación lentos, pero en comunicación entre sí porque estaban abiertas, dispuestas a unirse para definir normas de comunicación.

Prevaleció lo último y nació el conjunto de protocolos de Internet que todavía usamos hoy, llamado TCP / IP, donde IP indica el Protocolo de Internet como la capa base (justo por encima de la infraestructura de red física), y TCP el Protocolo de Comunicación, ese es el conjunto de reglas que definen cómo deben gestionarse los paquetes de datos compartidos por los nodos de la red. Prevaleció el **estándar más abierto, pero no se basó en la adopción forzada sino en una intención compartida.**

Internet es solo un ejemplo que muestra cómo los seres humanos tienden a converger en estándares bien definidos. Esta convergencia e intercambio de intenciones es la base de la comunicación, y el Internet es su expresión digital.

Lo mismo sucede con el idioma: aunque hay varios idiomas en el mundo, cuando tratamos con una persona que no entiende nuestra lengua materna, tendemos a buscar un nuevo medio para poder comunicarnos, ya sea una lengua franca (típicamente un lenguaje ampliamente utilizado) o gestos.

¿Y adivina dónde podemos ver la misma tendencia a converger hacia estándares?

Exactamente, en el intercambio (trade).

El oro es el medio de intercambio por excelencia, universalmente reconocido como un bien escaso, pero incluso cuando tratamos con monedas fiduciarias, el tema no cambia.

Tomemos el euro: muchos países diferentes, con diferentes condiciones económicas, han decidido adherirse a un estándar monetario único para facilitar el comercio dentro de la Unión Europea. Sin embargo, es una pena que, aunque sea mejor que los modelos anteriores, este no sea un buen estándar, precisamente porque se impone a los operadores de la economía europea, los usuarios individuales, y no el resultado de una convergencia de intenciones entre individuos.

¿Puede haber diferentes protocolos para intercambiar valor sin un tercero de confianza compitiendo entre sí?

Por supuesto, pueden existir, pero lo más probable es que solo quede uno y constituirá la llamada capa de liquidación para los intercambios de valor en Internet.

FOCUS 3

LAS CARACTERÍSTICAS FUNDAMENTALES DE UN PROTOCOLO BÁSICO SIN CONFIANZA

Un protocolo básico para el intercambio de valor sin un tercero de confianza debe tener características similares a las que han definido el protocolo para la interconexión global y para el intercambio de paquetes de datos, también sin un tercero de confianza:

- descentralización (constante)
- (tendencia a la) inmutabilidad
- Seguridad
- Escalabilidad / resiliencia
- Consenso

En este momento, el único sistema que puede satisfacer estas características es Bitcoin.

Mis queridos seguidores de Ethereum, desafortunadamente el suyo no es un sistema útil para construir sobre él, porque viola todas las características enumeradas anteriormente.

¿Ripple? Carece de descentralización y, por lo tanto, de inmutabilidad y seguridad, sin mencionar el consenso, aunque es altamente escalable. ¿Puede ser un buen protocolo base para el intercambio de valor sin un tercero? No, debido a la falta de otras características necesarias.

¿Monero y Litecoin? Se están acercando, pero las compensaciones (trade-offs) son tales que, si sus redes se saturan, habría una caída de la descentralización debido al tamaño que adquirirían sus blockchains (para Litecoin debido al tamaño de los bloques; para Monero debido a la arquitectura del código, orientada a la fungibilidad onchain).

FOCUS 4

Comparación entre TCP / IP y LNP / BP

Antes de llegar a la definición de LNP / BP como un conjunto de protocolos para el intercambio de valor entre pares, veamos cómo se compone la tecnología que nos permite intercambiar información (datos) y que se define genéricamente como Internet.

Internet a menudo se muestra como una estructura en capas: es habitual definir esta suite o pila TCP / IP.
El conjunto de protocolos de Internet fue diseñado por Vinton G. Cerf y Robert E. Kahn [37] mientras trabajaban en un proyecto de desarrollo de sistemas de comunicación financiado por la Agencia de Proyectos de Investigación Avanzada de Defensa (DARPA).

El objetivo era crear un estándar universal que constara de una serie de protocolos de comunicación útiles para el desarrollo de redes para el manejo de paquetes conmutados. El conjunto TCP / IP nació. Todavía se usa hoy en día.

Analicémoslo brevemente.

APPLICATION LAYER

HTTP, IMAP, POP, NTP, SMB,
Whois, eDonkey, BitTorrent, etc.
... and Bitcoin

TRANSPORT LAYER
TCP, UDP, FCP, SCTP

INTERNET SETTLEMENT (OR BASE) LAYER
Ip (Internet Protocol): eg. 192.168.1.1

PHYSICAL NETWORK ACCESS
Cable, Ethernet, Wifi, Satellite, ecc.

PHYSICAL NETWORK ACCESS representa el conjunto de conexiones físicas (medios de transmisión) entre los nodos de la red, en los cuales las secuencias de bits viajan físicamente, convertidas en señales eléctricas.

La red o capa física proporciona una interfaz eléctrica, mecánica y de procedimiento para el medio de transmisión. [38]

INTERNET SETTLEMENT (OR BASE) LAYER establece las conexiones lógicas entre los nodos de la red. El Protocolo de Internet identifica los nodos a través de direcciones IP (por ejemplo, 192.168.1.1) y envía paquetes de datos desde la fuente al destinatario. El nivel de Internet se puede definir como agnóstico, ya que enruta los paquetes a través de diferentes estructuras físicas (ethernet, cable coaxial, wifi, etc.) y no hace distinción con respecto a los niveles superiores, dirigiendo y enrutando datos para diferentes transportes y aplicaciones. Protocolos

TRANSPORT LAYER establece los canales de datos utilizados por las aplicaciones. El protocolo de transporte puede manejar el control de errores, la segmentación de paquetes, el control de flujo con clasificación de paquetes, el control de congestión y el direccionamiento de aplicaciones a través del número de puerto. El protocolo de transporte más utilizado es TCP, orientado a la conexión (flujo de bytes).
Gracias al protocolo TCP:

- los datos llegan en orden
- los datos tienen un error mínimo
- los datos duplicados se eliminan
- los paquetes perdidos o descartados se devuelven

incluye control de congestión de tráfico. [39]

TCP no recibe información sobre las direcciones IP. La tarea de TCP es obtener datos de nivel de aplicación de una aplicación a otra de manera confiable. El Protocolo de Internet tiene la tarea de obtener datos de una computadora a otra. [40]

APPLICATION LAYER agrupa todas las aplicaciones que utilizan los protocolos contenidos en la suite TCP / IP además de los protocolos utilizados por las mismas aplicaciones, que definen el funcionamiento y la posible conexión con otras aplicaciones.

Los ejemplos de protocolos de nivel de aplicación incluyen el Protocolo de transferencia de hipertexto (HTTP), el Protocolo de transferencia de archivos (FTP), el Protocolo de oficina postal (POP), el Protocolo simple de transferencia de correo (SMTP), pero también BitTorrent (BT) y Bitcoin (BP).

Ahora podemos analizar cómo Bitcoin ha evolucionado. A partir de un software de capa de aplicación basado en un protocolo de intercambio de cliente / servidor P2P, se ha vuelto una capa de liquidación real que presenta características de descentralización y "agnosticismo" similares a las del protocolo de Internet.

Podemos tener Bitcoin en una estructura de pila (o capa) similar a la de la suite TCP / IP, dejando de lado por el momento la CAPA DE ACCESO A LA RED FÍSICA (PHYSICAL NETWORK ACCESS LAYER).

```
┌─────────────────────────────────────────┐
│                                         │
│   APPLICATION LAYER                     │
│                                         │
│   RGB, Discreet Log Contracts, Storm    │
│                                         │
│                                         │
├─────────────────────────────────────────┤
│                                         │
│   TRANSPORT LAYER                       │
│   Lightning Network Protocol (LNP)      │
│                                         │
├─────────────────────────────────────────┤
│                                         │
│   BITCOIN SETTLEMENT                    │
│   (OR BASE) LAYER                       │
│   Bitcoin Protocol (BP):                │
│   e.g. address 36R4qFsySb73YnRWcAUj3vjfsR5Z34mgPj │
│                                         │
├─────────────────────────────────────────┤
│                                         │
│   PHYSICAL NETWORK ACCESS               │
│   Cable, Ethernet, Wifi, Satellite, ecc.│
│                                         │
└─────────────────────────────────────────┘
```

BITCOIN SETTLEMENT (OR BASE) LAYER establece las conexiones lógicas entre los nodos de la red, así como las reglas básicas de la red y la política monetaria.

El Protocolo de Bitcoin identifica los nodos a través de direcciones públicas (por ejemplo, 36R4qFsySb73YnRWcAUj3vjfsR5Z34mgPj) calculadas mediante funciones criptográficas hash a partir de claves públicas, a su vez calculadas mediante una multiplicación de curva elíptica (ECDSA), y preserva las transacciones que ocurren entre la fuente y el receptor a través de una cadena de bloques de transacciones que adoptan el modelo UTXO.

La capa de Bitcoin se puede definir como agnóstica, ya que enruta las transacciones a través de diferentes implementaciones de software y no hace distinción con respecto a los niveles superiores, dirigiendo y enrutando las transacciones para diferentes protocolos de transporte y aplicación indistintamente.

TRANSPORT LAYER stablece los canales de pago utilizados por las aplicaciones. El protocolo de transporte de Lightning Network trata, entre otras cosas, con la creación de canales de pago por pares bidireccionales, la creación de contratos con bloqueo temporal por hash (Hashed Timelock), la disminución de los bloqueos temporales (Timelocks), el enrutamiento de pagos y el mantenimiento de los estados del canal. [41]

APPLICATION LAYER incluye todas las aplicaciones que usan los protocolos contenidos en el paquete LNP / BP, además de los protocolos utilizados por las mismas aplicaciones, que definen la operación y la posible conexión con otras aplicaciones. Algunos ejemplos de protocolos de nivel de aplicación incluyen RGB, Discreet Log Contracts [42] y Storm. [43]

En resumen, **al igual que nuestros paquetes de datos viajan en segundas capas del protocolo IP, sobre todo el protocolo TCP, podemos usar segundas capas para el "transporte" de nuestro valor**: LNP (Lightning Network Protocol) y otros.

Ver Bitcoin como una red estructurada en forma de una suite LNP / BP es útil para comprender las características de los diversos protocolos y, sobre todo, para desarrollar soluciones "además de Bitcoin (protocolo)", sin la necesidad de redefinir constantemente los protocolos básicos o cree nuevos para intercambios de valor sin un tercero confiable.

La inutilidad de crear nuevas cadenas de bloques en competencia con el protocolo de Bitcoin se mantiene, a menos que solo queramos redefinir la política económica.

En este caso, buena suerte y que el Consenso decida.

Si no redefinimos constantemente los protocolos básicos, dado que ya tenemos la descentralización y la (tendencia a) inmutabilidad que necesitamos, y nos enfocamos en crear diferentes aplicaciones y capas de transacción, incluso podemos realizar el sueño libertario de la economía austriaca: tener monedas privadas para ser utilizadas en el mercado libre, utilizables como efectivo, sin un tercero de confianza. Son los llamados tokens, que se pueden usar en la parte superior de la capa base, por lo tanto, no usan blockchain, como sucede, por ejemplo, con Ethereum.

No solo monedas: podemos tener cupones simples (tokens de utilidad) sino también seguridad (con administración automática de dividendos) sin tocar la Capa base, confiando exclusivamente en las soluciones de Capa de aplicación.

FOCUS 5

REDEFINIENDO LA UNIDAD MONETARIA

Reconocido Bitcoin (o más bien LNP / BP) como el único conjunto de protocolos de interconexión confiables entre usuarios que desean intercambiar un valor digital escaso, sin recurrir a terceros centralizados, ahora es necesario resolver un problema semántico.

¿Cómo podemos evitar la confusión creada por la homonimia entre el activo (bitcoin) y el sistema (Bitcoin)?

Un primer paso podría ser llamar a bitcoin (activo) con su acrónimo (ticker) utilizado en el mercado: **BTC**.

Sin embargo, permanece otro elemento de confusión, siempre descrito anteriormente: "¡estos BTC son muy pocos y demasiado caros!"

Además, no son para nada adecuados para micropagos, es decir, la gran mayoría de las transacciones monetarias entre individuos.

Por lo tanto, se necesita otra unidad de medida, que afortunadamente ya existe, pero se ha ganado su nombre solo después de la desaparición del creador del proyecto Bitcoin: **satoshi** (sat).

Desechemos todas las diversas unidades intermedias, como por ejemplo el bit (1 millonésima de bitcoin o 100 satoshis) y el mBTC (1 milésima de bitcoin o 0.001 BTC) y usemos las unidades básicas, que sean comprensibles para el usuario promedio.

PREGUNTA 32

¿QUE ES UNA REORGANIZACIÓN (REORG)?

Bitcoin es una tecnología creada para permitir transacciones monetarias digitales entre dos entidades sin depender de terceros de confianza.

Para ello, utiliza, entre otras cosas, una cadena de bloques para realizar un seguimiento de las transacciones y evitar que alguien gaste el mismo dinero dos veces.

Tendemos a pensar que la cadena de bloques es un libro de contabilidad inmutable y esta idea se ha extendido hasta el punto que asumimos sistemas que la utilizan, sin recurrir a algún tipo de transacción monetaria.
La idea incluso se ha extendido que el concepto de inmutabilidad se aplica a cualquier blockchain, independientemente de la cantidad de nodos, el algoritmo de minería utilizado (PoW, PoS, DPoS, etc.) y el "poder" que ponen a disposición los mineros y validadores.

De hecho, ninguna cadena de bloques es inmutable, ni siquiera la de Bitcoin.

La inmutabilidad es una característica que tendemos a alcanzar, nunca la alcanzamos en absoluto: la forma en que tratamos de abordarla es lo que nos permite distinguir entre cadenas de bloques funcionales, útiles o inútiles.

Bitcoin es la cadena de bloques más segura técnicamente y, por lo tanto, la que más tiende a ser inmutable.

Además de la (tendencia a) la inmutabilidad, otro parámetro a considerar al buscar un sistema de bloques de marca de tiempo funcional (también conocido como blockchain) es su neutralidad, su agnosticismo, como se menciona en el capítulo *Comparación entre TCP / IP y LNP / BP*.

Entonces: **tecnología neutral, tendiente a la inmutabilidad.**

La neutralidad se puede lograr cuando las reglas se establecen antes del comienzo y no cambian durante el juego, de hecho, el sistema trabaja para mantenerlas en cumplimiento, tal como lo hace un árbitro durante un partido de fútbol.

El árbitro, en el caso de Bitcoin, es el código. Pero recordemos que esto está escrito por seres humanos, que son falibles y cometen errores, por lo que puede ser necesario manejar el código a mano, para preservar las reglas iniciales, haciendo que el código funcione como debería.

En algunos casos, la "inmutabilidad" de la cadena de bloques de Bitcoin podría estar en riesgo por una renovación voluntaria (o "coordinada").

A decir la verdad, una reorganización es un evento común para Bitcoin, cuando no se debe a la voluntad de un atacante: con "reorganizar" (**reorg** o reorganización de la cadena de bloques) generalmente nos referimos al evento en el que un cliente descubre una nueva blockchain, correctamente formado y más larga que su cadena de referencia, y excluye uno o más bloques que el cliente pensó que eran parte de la cadena de bloques principal. Estos bloques excluidos se convierten en huérfanos.

En esencia: tengo un nodo completo de Bitcoin en mi PC, mi versión del cliente se da cuenta de que la cadena de bloques que está siguiendo es más corta que la seguida por la mayoría de los nodos, por lo que deja de seguirla y pasa a la más larga. En consecuencia, si el que sigue ha recibido transacciones después de la división, se considerarán inválidas.

Si recuerdas, hablamos de un evento similar en el capítulo *¿Qué les sucede a los mineros que pierden la carrera?*

En ese capítulo se dijo que los mineros reciben el bloque que contiene la solución proporcionada por el minero que se supone que es el ganador y lo verifican, como todos los demás nodos completos.
Si el bloque es válido, inmediatamente dejan de trabajar en la solución del problema anterior y comienzan a trabajar en un nuevo problema, contenido dentro de este nuevo bloque.
Sin embargo, si no notan a tiempo la presencia de una solución válida, continuarán su trabajo en el bloque actual.
En este caso, puede suceder que un minero descubra la solución después del primer minero; enviará su bloque candidato a la red y será rechazado. Su cliente se dará cuenta de que ha extraído una cadena más corta, porque la principal se ha adelantado y los mineros han comenzado a trabajar en ella. Por lo tanto, aceptará la derrota y comprenderá que los bitcoins que ha otorgado como premio no son válidos, como no lo son las tarifas contenidas en las transacciones dentro de su bloque; el bloque que descubrió se convertirá en un "huérfano" y comenzará a trabajar en la cadena de bloques más larga.

Sin embargo, puede suceder que alguien intente una reorganización voluntaria de la cadena, para invalidar transacciones y asignar bitcoins que no se le deben.

Tomemos este ejemplo, en la que cada referencia es pura coincidencia: un exchange que llamaremos "Finance" sufre el robo de unos pocos miles de bitcoins, debido a sus ineficientes medidas de seguridad.
El hacker utiliza estos bitcoins robados por muchas razones diferentes: comprar un Lambo, pagar el café y conservarlo para el futuro.
En resumen, son parte del sistema y se utilizan en algunas transacciones.
El propietario de Finance, BhangQeng Vhao (BV), recibe una sugerencia de un programador que ha trabajado en Bitcoin: "*Si revela sus llaves privadas para las monedas hackeadas (o un subconjunto de ellas) puede descentralizarlas a un costo cero para usted, coordine una reorganización para deshacer el robo*".

BV cree que es una buena idea modificar todo el libro mayor de la red para cancelar el robo y reparar un error cometido por su exchange.

¡Vaya trato!

Técnicamente es posible: necesita convencer a la mayoría de los grupos mineros, y por lo tanto de los mineros conectados a ellos, para que trabajen en una cadena de bloques alternativa a la principal. Los mineros deberían comenzar a extraer la cadena de bloques más corta, aquella en la que los hackers no robaron los fondos de Finance, ni movidos a otro monedero por el pirata informático.

En resumen, deberían reescribir la historia.

Por supuesto, para hacerlo deberían tener algún incentivo económico. De hecho, algunos mineros deberían renunciar a la recompensa obtenida gracias a los bloqueos posteriores al robo, más todas las tarifas de transacción. Imaginemos que el robo ocurrió a las 8.00 a.m. y que BV propone la reorganización a las 12.00.
Han pasado cuatro horas, aproximadamente 23 bloques de lo que consideramos como el bloque 0, el bloque que contiene la transacción "robo". Los mineros, después del bloque 0, obtuvieron 287.5 bitcoins, sin considerar las tarifas de transacción.
Si el bitcoin vale 10,000 USD, significa $ 2,875,000 en recompensas.
Para una reorganización que cancela la transacción del ladrón, el bloque que lo contiene también debe reorganizarse, por lo que los mineros deben trabajar en 24 bloques, otorgando 300 bitcoins, excluyendo tarifas, o un valor en USD de 3 millones.
BV debe apresurarse para convencer a los mineros: cada 10 minutos se agrega un bloque a la cadena, por lo que los costos aumentan rápidamente. Es lógico pensar que el propietario de FInance podría tomar unos días para organizar un evento de reorganización global: incluso si tiene la posibilidad de contactar directamente a los grupos mineros, es cuestión de asegurarse de que esta iniciativa es realmente favorable a los mineros que lo apoyan. Todos

verían cancelada su compensación y permanecerían con la única esperanza de que después de la reorganización, el grupo minero distribuiría las nuevas recompensas.

Si pasan unos días, como es realmente probable, BV debería convencer a los mineros con un incentivo de unos pocos miles de bitcoins, ¡tal vez incluso más de lo que fue robado de su exchange!

Imaginemos que tiene éxito y que convence a la gran mayoría de los grupos para extraer una versión de la cadena sin la transacción de "robo".

El bitcoin, el activo de un sistema monetario que ya no es resistente a la censura, perdería valor drásticamente: el colapso sistémico (económico) llevaría a los mineros a quedarse con un puñado de artículos de colección digital inútiles.

Por lo tanto, habrían renunciado a los bitcoins obtenidos con un esfuerzo extremo, útiles para pagar los gastos que sufrieron en términos de electricidad para el pagar su capacidad de cómputo y para la disipación del calor generado, el desgaste de la maquinaria, los empleados, etc. y para obtener ganancias. A cambio, han obtenido bitcoins que siempre son válidos pero que ahora es poco probable que tengan un valor económico porque el sistema ha perdido una de las características básicas a las que siempre ha tendido: la no reversibilidad de las transacciones.

Entonces, ¿cualquier cambio es malo para Bitcoin?

Hemos dicho que la tecnología está diseñada para ser neutral y propensa a la inmutabilidad. También hemos declarado que el árbitro es el código y no la voluntad de las personas que tienen la intención de cambiar el sistema por intereses personales.

Sin embargo, este código, escrito por humanos, puede ser algo defectuoso.

Imagine que un atacante encuentra un error en el código que le permite crear algunos millones de bitcoins de la nada.

Las reglas del juego establecen que no es posible crear más bitcoins de lo esperado para cada bloque, que esta cantidad se reduce a la mitad cada cuatro años desde el inicio del "juego" y que existe un límite para la creación de nuevas monedas (los famosos 21 millones de bitcoins).
Si una falla nos permitiera violar estas reglas iniciales, entonces tendríamos un problema.
La comunidad de desarrolladores tendrá que ponerse a trabajar y asegurarse de que el código respete las reglas para las que fue diseñado.
Digamos que el atacante en realidad aplicó su descubrimiento y generó 40 millones de bitcoins, pero también podrían ser 1 satoshi más de la recompensa esperada. Estos bitcoins podrían usarse para realizar transacciones.

¿Es correcto, por lo tanto, impulsar una renovación de la cadena de bloques que cancela estas transacciones, después de que se haya emitido un nuevo código sin errores?

Desde mi punto de vista, una reorganización voluntaria siempre estará mal, pero hay quienes dicen que, en este caso, sería como aplicar una "restauración de las condiciones de fábrica", es decir, hacer que el código código cumpla con las funciones para las que que fue creado.

Esto sería en última instancia un error a corregir, no un cambio subjetivo, el resultado de una elección política.

Tomemos el ejemplo de un juego de cartas: uno de los jugadores esconde los comodines bajo su manga y decide jugarlos cuando le convenga.
Las cartas son más que las iniciales y las reglas son violadas por un jugador, incluso si finalmente el error es del crupier, que no evitó que el tramposo comenzara.

El ejemplo inicial, de Finance, en cambio, es una iniciativa que no tiene que ver con preservar las reglas de la red sino con intereses personales que coloquen a la comunidad frente a una elección política.

Durante la historia de Bitcoin se han descubierto varios errores, tres de los cuales fueron muy críticos.

En 2010 se descubrió un error en el bloque 74638 que condujo a la creación de 184,467,440,737.09551616 bitcoins en tres direcciones.

Cinco horas después del descubrimiento, Satoshi Nakamoto lanzó un parche (una bifurcación suave) que iba a insertar una modificación a las reglas de la red: cualquier transacción con más de 21 millones de bitcoins sería rechazada por la red.

En ese momento, el bitcoin apenas había ganado recientemente un valor económico y no hubo consecuencias para los usuarios.

En 2013, la cadena de bloques se dividió nuevamente debido a otro error. La situación se restableció a la normalidad alrededor de 6 horas más tarde y hubo un solo ataque de doble gasto contra OKPay.

Finalmente, En 2018, un desarrollador de Bitcoin Cash descubrió otro error crítico y se lo comunicó a los principales desarrolladores de Bitcoin Core, que lanzaron un parche después de 5 horas.

El consenso decidió en 2010 continuar la cadena cuyas reglas económicas eran las establecidas originalmente, cancelando efectivamente las transacciones que no respetaban el límite de 21 millones de bitcoins, y en 2013 volver a una versión anterior del protocolo.

Si esas reorganizaciones no se hubieran realizado, no es posible saber cuáles serían las consecuencias en términos de la confiabilidad futura del sistema y el valor económico del activo, y si un intento de reorganización de este tipo ocurriera ahora, no sabemos cuáles serían las consecuencias en términos de consenso y de valor del activo bitcoin.

Afortunadamente, los dos primeros eventos tuvieron lugar en una etapa temprana de la historia de Bitcoin, en la que el activo aún no tenía un valor económico importante y en el que el número de nodos era extremadamente pequeño.

PREGUNTA 33

¿Cuáles son los principales puntos críticos de Bitcoin?

Bitcoin es un sistema innovador y descentralizado, no solo en la gestión de nodos sino también en términos de desarrollo.

Al ser de código abierto, es posible que cualquiera pueda trabajar en él y proponer modificaciones posteriores al protocolo a la comunidad.

Algunos detractores del sistema, que generalmente apoyan sistemas alternativos y definitivamente menos descentralizados y neutrales, argumentan que una especie de lobby de programadores se ha "apropiado" del proyecto y lo ha llevado en la dirección que establecieron.

Este punto de vista nace de un malentendido: **Bitcoin es una red descentralizada, pero hay implementaciones de software limitadas**, que permiten su uso de acuerdo con el protocolo básico.
La principal de estas implementaciones es Bitcoin Core, creada por el mismo Nakamoto.

Desde la desaparición de Nakamoto, pero para decir la verdad, incluso antes de eso, la gestión del desarrollo de Bitcoin Core se ha confiado a algunos programadores y a un encargado principal, hasta la fecha es Wladimir J. van der Laan. Para obtener una descripción completa de cómo funciona el desarrollo de Bitcoin Core, eche un vistazo al artículo *Who Controls Bitcoin Core?* por Jameson Lopp. [22]

Sin embargo, Core no es Bitcoin.

Como se mencionó, cualquiera, en cumplimiento del protocolo básico, puede desarrollar su propio software de nodo completo.

El nombre "Bitcoin Core", utilizado para definir el sistema, es un claro intento de confundir a los usuarios al tratar de convencerlos de una supuesta centralización de su desarrollo.

Recuerde que, incluso suponiendo que exista una centralización en el desarrollo de Bitcoin, son los nodos los que tienen el "derecho de voto" final. En cada actualización, cualquier persona con un nodo puede decidir si está de acuerdo con la nueva implementación y si admite los cambios instalándolos.

Bitcoin es un sistema que todavía es relativamente joven y está en pleno desarrollo, pero, con el paso del tiempo y los bloques, se vuelve cada vez más sólido. ¡Lejos de ser perfecto!

Todavía hay problemas críticos; algunos se refieren a la escalabilidad en cadena del sistema, que se mejorará con el tiempo, otros su exposición a posibles ataques, algunos el protocolo de minería de bloques y otros la descentralización de su desarrollo.

En este libro hemos verificado que el modelo económico subyacente a Bitcoin desalienta los ataques a la red (por ejemplo, una reorganización voluntaria con la complicidad de más de la mitad de los mineros) que, incluso si fuera posible, constituiría una apuesta perdedora: un sistema de Bitcoin sensible a estos ataques verían que su moneda perdía drásticamente el valor y los mineros atacantes se arriesgarían a quedarse con un puñado de objetos digitales de colección inútiles en sus manos.

Por lo tanto, podemos deducir que cuanto más se fortalezca el sistema en términos de la potencia de cómputo empleada por los mineros (hashrate), el número de mineros y el valor monetario del activo de bitcoin, menos probable será que los ataques coordinados en su contra tomen efecto.

Con respecto a la escalabilidad en la cadena (on-chain), que es la posibilidad de aumentar el número de transacciones que se pueden realizar en blockchain, se están estudiando diferentes soluciones.

Si bien la mayoría considera que las soluciones de segunda capa, como Lightning Network, son la forma correcta de aumentar exponencialmente el número de transacciones, también es cierto que necesariamente tendrán que ir acompañadas de soluciones de escalabilidad de la blockchain.
La introducción de SegWit allanó el camino para Lightning Network y, como un efecto secundario agradable, "alivió" el registro de las transacciones en la cadena, pero no lo suficiente.

Por lo tanto, se están desarrollando modificaciones importantes al protocolo base, que constituirán, en los próximos años, la columna vertebral en la que se implementarán las futuras soluciones de escalado:

- Firmas de Schnorr, propuestas por el cofundador de Blockstream Pieter Wuille, que permitiría a varios participantes producir una única firma agregada con una sola clave pública;
- Árboles de sintaxis abstracta merkelizada (MAST), propuesta por el desarrollador de Bitcoin Core Dr. Johnson Lau, que reduciría el tamaño del contrato inteligente de las transacciones en la blockchain;
- Taproot, que combinaría estos dos anteriores para mejorar la privacidad de las transacciones individuales de Bitcoin.

> *"Taproot to make all outputs and cooperative spends indistinguishable from each other. Merkle branches to hide the unexecuted branches in scripts. Schnorr signatures enable wallet software to use key aggregation/thresholds within one input."*
> *Pieter Wuille*

Un paso tecnológico adicional será dado por el aumento (muy vilipendiado) en el tamaño de los bloques de Bitcoin.
Recordemos que el límite del peso de cada bloque de transacciones es una medida impuesta pero de sentido común, diseñada para preservar la descentralización del sistema mismo.

Como hemos visto anteriormente, un aumento en el tamaño sin mejoras tecnológicas apropiadas y obvias, incluida la expansión de la capacidad de almacenamiento en el disco duro y el aumento en la capacidad y el ancho de banda disponible (rendimiento) de las conexiones del usuario, implicaría una rápida centralización del sistema porque hay menos personas sería capaz de mantener nodos completos activos.
El número de nodos se concentraría inicialmente en las áreas tecnológicamente más avanzadas del mundo, reduciéndose para aquellas con mayores barreras tecnológicas. Luego terminaría con una peligrosa "profesionalización" de la validación de bloques de Bitcoin y el sistema perdería su objetivo principal.
Por lo tanto, será posible proceder con un aumento en el tamaño de los bloques cuando se evite cualquier amenaza a la descentralización.

Analicemos ahora los problemas críticos relacionados con la minería de Bitcoin.

Hoy en día, la mayoría de los mineros cooperan entre sí dentro de los grupos de minería conjunta (pools): cuanto más aumenta la dificultad y cuanto más lo hace en poco tiempo, mayor es esta tendencia a la cooperación. Como vimos en el capítulo de minería, el minero individual debe minar junto con otros, porque sus posibilidades de descubrir la solución que le permite cerrar el bloque son extremadamente bajas: es mejor resolver muchos problemas pequeños a la vez y comunicar el resultado a la pool, en lugar de tratar de resolver todo solo.
El problema radica en el hecho de que, en teoría, aquellos que tienen el control de los grupos podrían secuestrar la potencia informática del sistema para fines personales: admitir esta o aquella versión del protocolo (forks),

colaborar con otros grandes mineros para reescribir el historial de las transacciones (reorganizaciones voluntarias), etc.

Stratum V1, el protocolo de minería utilizado por la gran mayoría de los pools, les ofrece una posición relativamente poderosa.
No solo son responsables de distribuir recompensas a los mineros, sino que también tienen poder de decisión sobre qué transacciones incluir en los bloques candidatos, así como sobre qué versión del protocolo de Bitcoin usar. [44]

Por lo tanto, se están estudiando soluciones que reducirían drásticamente el impacto que esta gestión cooperativa tiene en la descentralización de la minería de Bitcoin.

Betterhash

Betterhash, una solución desarrollada por Matt Corallo, fue diseñada para reducir la posición dominante de los operadores de pools: si se implementa, permitiría a los mineros individuales construir sus bloques candidatos por sí mismos, decidir independientemente qué transacciones incluir, así como mantener el nodo completo personal, con la consiguiente posibilidad de elegir qué versión del protocolo de Bitcoin admitir.
Betterhash, por lo tanto, proporcionaría más eficiencia, seguridad y descentralización a los grupos mineros. [45]

Según algunos, la solución propuesta por Matt Corallo no eliminaría por completo el posible abuso de las posiciones dominantes por parte de los administradores de un pool: estos aún podrían obligar a los mineros a censurar algunas transacciones, bajo la amenaza de no recibir recompensas si no lo hicieran. Dicho esto, un minero amenazado simplemente podría cambiar de pool.

Stratum V2

Braiins, la compañía detrás de Slush Pool, anunció recientemente la segunda versión de Stratum, Stratum V2. Esta es una solución inspirada en Betterhash, que resuelve muchos de los problemas de la primera versión, así como algunos aspectos críticos de la propuesta de Matt Corallo.

En una entrevista con la revista Bitcoin, el co-CEO de Braiins, Pavel Moravec, explicó que:

"Stratum V2 permitiría a los operadores de pools verificar la validez de los nuevos modelos de bloques de forma asincrónica. Tan pronto como un minero envía un bloque candidato al grupo, se puede comenzar a analizar de inmediato. Mientras tanto, el operador del grupo comienza a verificar todos los nuevos bloques candidatos. Si un modelo de bloque luego se considera inválido, la recompensa de los mineros se puede modificar en consecuencia.

Por lo tanto, los mineros tienen un incentivo para trabajar en bloques adecuados y proporcionar todos los datos de manera oportuna. Sin embargo, pueden continuar trabajando en sus bloques candidatos sin demora".

Stratum V2 también introduciría otras mejoras en seguridad, eficiencia y flexibilidad. Después de numerosas pruebas internas en Slush Pool, Braiins presentará su solución a la comunidad mediante la publicación de una Propuesta de Mejora de Bitcoin (BIP).

Terminemos dedicando algunas palabras a la descentralización del desarrollo de Bitcoin.

Si bien se considera que, como se mencionó, el desarrollo de Bitcoin está en manos del trabajo gratuito de varios programadores de todo el mundo, también es cierto que, si observamos qué implementación de software de nodo completo es más utilizada, Bitcoin Core resulta ser el más extendido, presente en aproximadamente el 97% de los nodos. [46]

Las implementaciones de Lightning Network, que nos permiten configurar nodos LN e interactuar activamente con la red, están más descentralizadas en su desarrollo y uso que las de la capa base de Bitcoin. En poco más de un año desde el desarrollo de la red principal (mainet) Lightning Network, tenemos ocho implementaciones disponibles:

1. LND (go)
2. c-lightning (c)
3. Eclair (scala)
4. Electrum (python)
5. Ptarmigan (c)
6. BLW (scala)
7. Rust-Lightning (rust)
8. Lpd (rust)

Por lo tanto, considero apropiado que el trabajo en versiones alternativas de Bitcoin Core continúe sin cesar, por el bien de la capa base de Bitcoin: más versiones disponibles reducen la probabilidad de que ocurran errores críticos y que los ataques de tipo DDoS en Bitcoin Core puedan poner en peligro la descentralización de la red.

Apéndice I - Mejores prácticas

¡No confíes, verifica!
Compruebe siempre que el software que utiliza para administrar sus bitcoins hace lo que dice que hace. Prefiera soluciones de código abierto en lugar de software privado, precisamente porque estos pueden ser probados por desarrolladores independientes.

Nunca comparta sus llaves privadas, por ningún motivo y con ninguna persona. No son tus llaves, no son tus bitcoins.

No guarde sus fondos en una monedero de custodia o cualquier otro servicio de terceros. No posee claves privadas y el sistema está sujeto a los problemas de los sistemas centralizados clásicos. Transfiera sus fondos a un monedero fuera de línea (monedero frío) cuidadosamente almacenado y protegido de ataques externos.

Manténgase alejado de los esquemas hágase rico rápidamente (get-rich-quick), en los que alguien le promete grandes ganancias, en poco tiempo: estos incluyen los famosos esquemas Ponzi (o esquemas piramidales), en los que los enriquecidos son quiénes están en la cima de la pirámide y explotan las inversiones de quienes están abajo, prometiéndoles ganancias sustanciales pero en realidad redistribuyendo solo una parte del dinero proveniente de los nuevos afiliados.

Nunca invierta más de lo que está dispuesto a perder. Es válido para cualquier área, no solo para una nueva tecnología como Bitcoin.

Recuerde que Lightning Network es una tecnología aún experimental que aún podría tener muchos errores críticos. Si desea probar sus características, asegúrese de usar algunos satoshis.

Consolidar los resultados de una transacción onchain

Con el aumento en el valor del bitcoin y la reducción de las primas para los mineros debido al halving, será cada vez más difícil ejecutar transacciones en la blockchain que muevan pocos satoshis: el precio de la tarifa puede ser mayor que el monto total negociado.

Los bitcoins en una dirección que no se pueden mover porque las comisiones son mayores que las mismas, se denominan polvo: pueden ser el resultado de cambios o satoshis "recogidos" en microtransacciones.

Imagine que un usuario tiene varias direcciones de bitcoin, lo cual es común si usa una billetera jerárquica determinista, y que muchas de ellas son polvo. ¡El usuario pudiera tener una cantidad significativa de satoshis si uniera todos estos fondos pero no puede usarlos!

Así que aquí está la necesidad de consolidar los restos de las transacciones. En momentos en que los mempols están casi vacíos, es una buena práctica recolectar todo este polvo y enviarlos, en una sola transacción, a una dirección que nos pertenece. El polvo (las salidas) constituirá, por lo tanto, las entradas de una sola transacción que constituye el balance real del usuario.

En Bitcoin Core el procedimiento es bastante simple:
prepare una nueva transacción saliente y seleccione la billetera de recepción (una propia, incluso dentro de Bitcoin Core). Luego haga clic en control de monedas (si no ve el botón tiene que activar esta función a través de la configuración general) y seleccione todas las salidas.

Ahora, en el campo cantidad, ingrese el máximo disponible, neto de las tarifas que desea pagar.

Los diversos resultados se consolidarán y, cuando los fondos lleguen a su dirección de recepción, verá uno solo en control de monedas.

Si desea consolidar los fondos en su billetera liviana, el procedimiento es igual de simple: simplemente envíe la cantidad máxima, siempre recordando establecer las comisiones que desea pagar primero.

Por lo tanto, esta técnica es útil en vista de un aumento futuro en las tarifas de Bitcoin, pero tenga en cuenta que podría generar un problema de privacidad, especialmente si utiliza una dirección utilizada anteriormente o si los fondos no pasan a través de un sistema de mezcla.

Apéndice II - Modelado de negocios en el ecosistema de Bitcoin Lightning Network, por Federico Spitaleri (satoshis.games)

Introducción

Este artículo tiene como objetivo proporcionar a creadores de Lapps (aplicaciones Lightning Network) información valiosa sobre el ecosistema Lightning Network, que les ayudará a construir un modelo de negocio exitoso.

Revisaremos las secciones principales de un borrador de modelo de negocio y presentaremos algunos estudios de caso de Lapps que ya operan en el mercado.

Analizaremos qué recursos son necesarios para que la Lapp funcione, cuál es su propuesta de valor, cómo entregan su propuesta de valor a su mercado objetivo y, finalmente, cómo monetizan.

Es importante mencionar que los usuarios de Lightning todavía representan un nicho de mercado muy pequeño, por lo tanto, muchos de los modelos presentados aquí requerirían más usuarios de Lightning Network para ser rentables. Sin embargo, diseñar un modelo de negocio que no solo use una tecnología de tendencias, sino que también lo haga de manera escalable es una buena práctica para prepararse para cuando el nicho de usuarios de Lightning sea lo suficientemente grande como para permitir que estas Lapps generen ganancias significativas.

Modelos de negocio en el ecosistema Lightning

Un modelo de negocio describe cómo las organizaciones crean, ofrecen y acumulan valor. También identifica interacciones clave y colaboraciones con proveedores, clientes y otros actores que operan en el mercado.

En el presente parágrafo vamos a explorar las nuevas propuestas de valor que trae Lightning Network, las formas en que esas propuestas de valor se entregan a los clientes, los recursos necesarios para que una Lapp opere en el mercado, los costos que debe cubrir, soportar y finalmente, las opciones disponibles para que las Lapps generen ingresos.

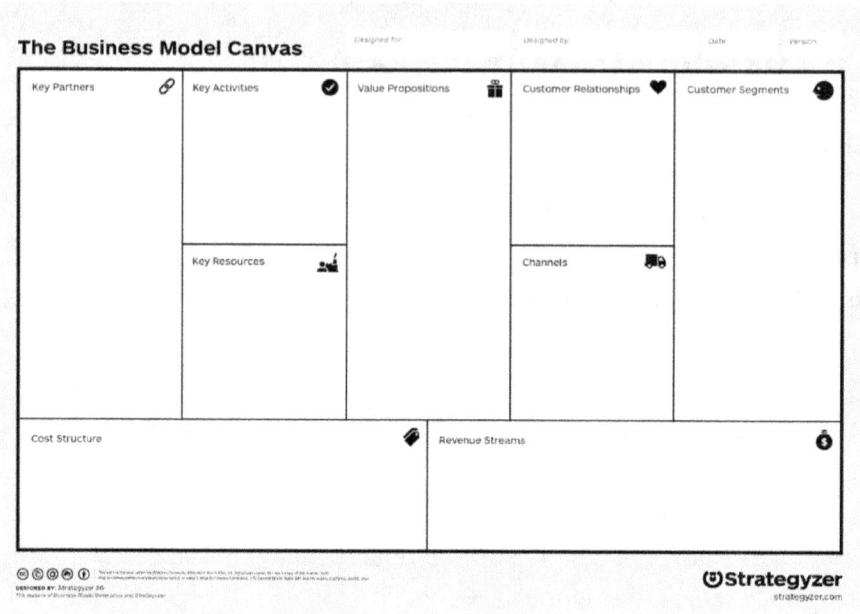

de modelo de negocios. Fuente: strategyzer.com

Propuesta de valor

Representa el valor que las Lapps ofrece a su mercado objetivo. Cuando las startups construyen una Lapp, deben hacerse las siguientes preguntas: ¿qué era imposible antes del advenimiento de Lightning Network? ¿Cómo puede su Lapp hacerlo posible? ¿Qué puede hacer su Lapp de manera más eficiente / efectiva que otras compañías que ofrecen el mismo producto / servicio pero no usan Lightning Network? ¿Su Lapp resuelve algún problema / satisface cualquier necesidad?

Comencemos haciendo una lista de características que ofrece Lightning Network. Luego veremos algunos ejemplos de las propuestas de valor de las Lapps.

Características de Lightning Network:

- Transferencia de valor instantánea y económica;
- Micro transacciones;
- Transacciones privadas;
- Retiro automático de cualquier cantidad (incluso fracciones de centavos de euro) en cualquier momento;
- Nuevos métodos para autenticar usuarios (comprobante de pago y firmas digitales basadas en ID de nodo) Micro-transazioni;

Ejemplos de propuestas de valor de Lapps:

Tippin.me: permite a las personas enviar y recibir propinas de manera fácil, económica e instantánea. Además, las propinas pueden ser muy pequeñas (fracciones de centavos de euro) para que el remitente pueda dar una propina a cualquier cantidad y el receptor pueda acumular esas cantidades y retirarlas en cualquier momento. A través de una extensión del navegador, también es posible dar propinas a los tweets en Twitter haciendo clic en un icono específico al lado del botón "me gusta".

Satoshis.games: permite a los usuarios ganar satoshis jugando juegos. Dentro de la plataforma de juego, la transferencia de valor no es unidireccional (del usuario a la plataforma: sistema de pago por juego) sino bidireccional (del usuario a la plataforma y de la plataforma al usuario). Satoshis.games usa bitcoin como moneda dentro de los juegos, y ya que dicha moneda no depende de la plataforma, la microeconomía en el juego no es ficticia (el valor se puede extraer de la plataforma y gastar en otras Lapps o en la vida cotidiana) . Finalmente, los elementos digitales dentro de los juegos (por ejemplo, las monedas de Super Mario) tienen un valor real y dicho valor puede retirarse instantáneamente en cualquier momento y a un costo cero. Cada acción digital en Satoshis.games puede ser monetizada o recompensada;

Gab: es una bifurcación del navegador Brave. El equipo de Gab está trabajando en una implementación que pagará a los usuarios por ver anuncios mientras navegan por la web. La ventaja por parte de los usuarios es que pueden ser recompensados incluso por un "micro uso" del navegador y dicha remuneración se paga a través de una micro transacción "en tiempo real" que se puede retirar en cualquier momento;

Sats 4 Likes: es una Lapp que recompensa a los usuarios por compartir y dar me gusta a las publicaciones en las redes sociales. Las empresas o personas que desean anunciar sus productos en las redes sociales publican una tarea en Sats 4 Likes y especifican cuánto se pagará a los usuarios por compartir / dar me gusta / comentar una publicación. Luego pagan una factura a Sats 4 Likes que luego paga a los usuarios cuando completan la tarea.

La propuesta de valor consiste en recompensar las "micro tareas" con micro transacciones (lo suficientemente justas), haciendo que los anunciantes paguen por acciones concretas, valiosas y específicas en lugar de impresiones o clics. Además, Sats 4 Likes representa un canal a través del cual es posible apuntar a los usuarios de Bitcoin y Lightning Network de una manera muy directa y efectiva: recompensar a los usuarios solo con Bitcoin permite que solo se llegue a los usuarios de Bitcoin. Dirigirse a Bbtcoiners en canales tradicionales es, en cambio, muy complicado, ya que las redes sociales como Facebook, Instagram y Twitter no pueden proporcionar parámetros de orientación tan detallados capaces de optimizar el presupuesto llegando solo a usuarios reales de Bitcoin;

Suredbits: proporciona acceso a fuentes de transmisión de datos históricos y en tiempo real. Gracias a Lightning Network, sus servicios tienen un precio de micro nivel: los clientes pagan solo por los datos que desean usar (sin contratos mensuales o anuales) y nada más.

Ecosistema de Lightning Network. Fuente: J. Dantoni 2019, The Block Genesis

Canales

Las Lapps debe entregar su propuesta de valor a través de los canales. Los canales representan el enlace con los clientes, la forma en que la Lapps los alcanza. Dependiendo del producto, los canales pueden ser aplicaciones web accesibles directamente desde la web o cualquier tienda de aplicaciones en caso de que Lapps sean aplicaciones móviles o de escritorio.

Un canal que es muy específico para el ecosistema de Lightning Network es el mercado de Bluewallet. Las Lapps que desean ser contactados directamente desde donde los bitcoiners gastan su dinero (la aplicación Bluewallet) pueden solicitar que se los incluya en el mercado de la billetera.

Otros canales que son específicos para la industria en cuestión están representados por mercados web como lightningnetworkstores.com y Lightning Hood. También hay un servicio de boletín informativo, lapps.co, que ofrece actualizaciones sobre los nuevos Lapps en el mercado: las nuevas empresas pueden contactarlos y ser incluidos en las actualizaciones.

Un canal muy efectivo a través del cual es posible ejecutar campañas publicitarias para promocionar Lapps es Sats 4 Likes. Como mencionamos anteriormente, este canal de marketing hace que sea muy fácil llegar solo a los usuarios de Lightning Network y ayuda a evitar gastar presupuestos de marketing en clics e impresiones de usuarios que no usan Lightning y pueden incluirse en el público objetivo en Twitter, Facebook y Campañas de Google.

Relaciones con el cliente

Los canales de relación con el cliente son los canales a través de los cuales las Lapps deben mantenerse en relación con sus clientes / usuarios, ofrecer atención al cliente y enviar mensajes de seguimiento, notificaciones y todo lo que sea necesario para retener a los clientes y satisfacer sus necesidades.

Los canales de relación con el cliente más utilizados en el ecosistema de Lightning Network son Telegram y Slack para atención al cliente y Twitter para promoción y participación del cliente.

Segmentos de clientes

Según los datos de la red (número de nodos activos) y tiendas de aplicaciones (número de descargas de las carteras principales que admiten LN), podemos estimar una población de unas pocas decenas de miles de usuarios de LN. El mercado objetivo de cualquier Lapp es un subconjunto de esa población (por ejemplo, jugadores entre usuarios de LN, si un Lapp opera en la industria del juego; transmisores de música entre usuarios de LN, si un Lapp opera en la industria de transmisión de música).

Como ya dijimos durante la introducción, todavía hay muy pocos usuarios de LN, pero probar el modelo de negocio dentro del nicho de mercado actual hace que Lapps esté listo para cuando se extienda la adopción y sea factible obtener ganancias significativas.

Flujos de ingresos

¿Cómo generan ingresos las Lapps? Esto realmente depende del producto. Sin embargo, hay algunos modelos que se pueden tomar como ejemplos:

- **compras en la aplicación**: representan una de las fuentes de ingresos de Satoshis.games. Este modelo consiste en permitir a los usuarios comprar contenidos integrados en la aplicación, como vidas, funciones de juegos, avatares, etc.

- **comisiones**: las Lapps puede cobrar comisiones cuando se realizan compras. Este es el caso de Sats 4 Likes, donde las empresas o individuos deciden invertir una cierta cantidad de Bitcoin en la publicidad de una publicación en las redes sociales y Sats 4 Likes les cobra satoshis adicionales por el servicio;

- **pago por uso**: este es un modelo que realmente se ajusta a la tecnología Lightning Network. De hecho, las micro transacciones permiten a las empresas fijar el precio de sus servicios a un nivel micro para que puedan cobrar a sus clientes incluso por un "micro uso" del servicio y solo por lo que consumen. Este modelo reemplaza los modelos de planes de suscripción donde los usuarios pagan una tarifa fija, independientemente de si usaron el servicio durante un mes completo o solo por unas pocas horas. Este es el modelo utilizado por Suredbits, el servicio de transmisión de datos;

- **freemium**: consiste en dar a los usuarios acceso gratuito a una aplicación con características mínimas. Los usuarios que deseen funciones premium deberán pagarlas o comprar una cuenta premium. Este es también el caso de Satoshis.games, donde los usuarios pueden jugar Super Bro gratis y comprar vidas y características adicionales si quieren tener más oportunidades de ganar;

- **Publicidad**: las lapps que desean obtener ingresos a través de la publicidad deben tener en cuenta algunos problemas. Los usuarios de Bitcoin se preocupan mucho por su privacidad, no les gusta que los espíen: la publicidad en Lapps no debe ser muy intrusiva y los datos sobre los usuarios deben tener un cierto grado de anonimato. Esto conducirá a una segmentación menos detallada para los anunciantes y probablemente a un precio más bajo del espacio publicitario. Sin embargo, al hacerlo, la Lapp preservará su comunidad y mantendrá fiel a su base de clientes.

Estructura de costo

La estructura de costos de las Lapps realmente no cambia en comparación con los modelos comerciales tradicionales. Incluye costos de desarrollo (salarios para desarrolladores), costos de mantenimiento de IT (costos del servidor del sitio web), costos de marketing, costos burocráticos (asesores fiscales, abogados, consultores y otros servicios), etc. Si se ha lanzado un nodo de la red Lightning para la Lapp a través del servidor BTCPay y utiliza un servicio de alojamiento en la nube como LunaNode, la Lapp también tendrá que tener en cuenta el costo de ese servicio (alrededor de 10 € / mes).

Recursos clave

Los recursos clave se refieren a aquellos recursos que hacen que una Lapp sea difícil de imitar o replicar. Realmente dependen del producto. Aquí, en cambio, enumeraré los dos recursos principales que cada Lapp necesita para operar en el ecosistema de Lightning Network:

• un nodo de Lightning Network, que se ejecuta, por ejemplo, en el servidor BTCPay o en un RaspiBlitz;

• capacidad de entrada (para recibir pagos). Se puede obtener a través de un servicio de apertura de canales de Lightning Network como Thor;

Si una Lapp quiere evitar lanzar su propio nodo, puede integrar Lightning a través de servicios como APItoshi de Satoshis Games y OpenNode.

Omitiremos la sección de Actividades clave, ya que dependen completamente del tipo de producto / servicio.

Socios clave

El ecosistema de Lightning Network es un espacio muy colaborativo. Las startups deberían aprovechar eso y asociarse con otras empresas para aprovechar las sinergias, aumentar el conocimiento de la marca y la accesibilidad para su Lapp.

Un socio clave potencial de cada aplicación Lightning Network seguramente está representado por Bluewallet. Bluewallet es una de las billeteras de Bitcoin más populares que admite Lightning Network y desde su mercado es posible acceder a muchas Lapps. Las startups pueden asociarse con Bluewallet y listar su Lapp en su mercado. De esta manera, su Lapp estará un paso más cerca de sus clientes (usuarios de Lightning) y Bluewallet se beneficiará de eso al ofrecer más oportunidades de compra a sus clientes.

Lo mismo con esos mercados que mencionamos en el parágrafo "Canales" (lightningnetworkstores.com, Lightning Hood, etc.): las startups pueden incluir su Lapp allí para ganar conciencia de marca y tráfico, y esos mercados podrán ofrecer más contenido a sus usuarios.

Validar el modelo de negocio

Dibujar un modelo de negocio en una hoja de papel no es suficiente: los modelos de negocio deben validarse mediante pruebas intensivas.

Aquí presentamos la metodología Lean, que consta de 3 pasos principales:

1) Creación de un MVP (Producto Mínimo Viable) basado en los conocimientos del mercado: un MVP es la versión más simple de un producto que intenta satisfacer las necesidades del cliente. Por ejemplo: si el objetivo de una empresa es crear un producto que permita a las personas moverse del punto A al punto B sin caminar, su MVP no será un automóvil ni una bicicleta, sino una patineta. Solo se deben crear características esenciales para mantenerse ágil durante el proceso de validación. Es muy importante desarrollar esas características en función de los conocimientos del mercado: el desarrollo debe ser impulsado por la investigación del cliente;

2) Prueba de MVP y medición de rendimiento: el MVP debe lanzarse en el mercado para ver si obtiene tracción. Se deben medir métricas como ventas, volumen de tráfico y retención de clientes;

3) Avanzar o pivotar: si las métricas muestran un buen rendimiento, el producto puede mejorarse agregando más funciones y ejecutando más pruebas (el círculo comienza de nuevo, con mejoras en el MVP anterior). Si las métricas muestran un mal desempeño, probablemente significa que la propuesta de valor no es percibida como valiosa por los clientes o que el modelo de negocio no puede generar y reunir valor, por lo que debe ser rediseñado. En este punto, es necesario pivotar: la startup necesita escuchar nuevamente las necesidades del cliente, construir una nueva propuesta de valor y un nuevo MVP que debe probarse. El desarrollo del nuevo MVP debería comenzar después de investigar profundamente sobre las necesidades del cliente.

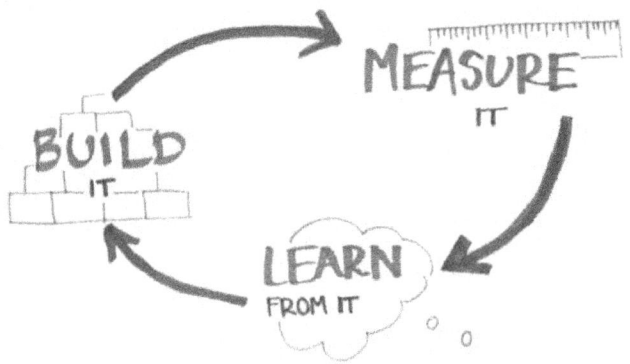

Metodologia Lean

Conclusiones

Si una Lapp quiere tener éxito a largo plazo, necesitan un modelo de negocio adecuado que les permita ofrecer su propuesta de valor a sus clientes y ser rentable.

En este artículo proporcionamos algunas ideas sobre el ecosistema de Lightning Network que podrían ayudar a las Lapps a construir un modelo de negocio exitoso.

A largo plazo, solo aquellas Lapps que satisfarán las necesidades reales de manera sostenible resultarán exitosas cuando se extienda la adopción de LN.

Contactos

¿Necesita ayuda para diseñar su modelo de negocio o anunciar su Lapp a través de los canales correctos?

Envía un mensaje a:
correo electrónico: federico@satoshis.games
Twitter: @FedericoSpital3

Apéndice III - Una CPU, un voto. Un concepto erróneo generalizado

"Una CPU, un voto" es un malentendido generalizado, debido a una interpretación errónea de la siguiente declaración de Satoshi Nakamoto, contenida en el libro blanco de Bitcoin: "*Si la mayoría fuese basada en un voto por dirección IP, podría ser subvertida por alguien capaz de asignar muchos IPs. Prueba-de-trabajo es esencialmente unCPU-un-voto. La decisión de la mayoría es representada por la cadena más larga, la cual tiene la prueba-de-trabajo de mayor esfuerzo invertido en ella. Si la mayoría del poder de CPU es controlada por nodos honestos, la cadena honesta crecerá más rápido y pasará cualquier cadena que esté compitiendo.*".

En primer lugar, la declaración anterior a menudo se extrapola y se usa fuera de contexto. Nakamoto, en este caso, describía cómo funciona la Prueba de trabajo (sección 4 del documento técnico), no el protocolo de Bitcoin.

Tomemos que el hecho de que en Bitcoin hay un "voto democrático", que en realidad no es cierto, como hemos visto en el capítulo ¿Qué es una bifurcación de Bitcoin?

Cuando Nakamoto elaboró la frase "Un CPU, un voto", las condiciones fueron las siguientes:

1) el único caso relevante de Prueba de trabajo aplicado a un sistema de efectivo electrónico fue el RPoW de Hal Finney, aplicado a su proyecto de dinero digital. Antes de esto, PoW simplemente se usaba como un sistema anti-spam.
2) PoW usó CPU para los cálculos de fuerza bruta: cuanto más poderosa es la CPU, más cálculos puede hacer. Cuanta más poder tenga disponible el CPU, mayor será su peso (el llamado "voto") en el sistema de Prueba de trabajo.
3) Nadie había usado las GPU ni había inventado los ASIC, por lo que Nakamoto relacionó el aumento de la dificultad de la minería

SOLAMENTE con el aumento del número de CPU y el rendimiento de este último (ley de Moore).

4) Los nodos completos fueron validadores pero también mineros. Si no quería minar con su hardware, tenía que desactivar esta función. Hasta la fecha, los mineros no son validadores (debido a Stratum V1), pero nuevamente podrán hacerlo en el futuro gracias a Stratum V2 (consulte el *capítulo ¿Cuáles son los principales puntos críticos de Bitcoin?*). En cualquier caso, no tendrían un papel más importante en el consenso, sino que ampliarían la descentralización minera.

5) Los mineros no tienen un papel predominante en el Consenso pero están al servicio de los nodos validadores. Por este servicio, reciben un incentivo monetario que consiste en subsidio + comisiones (recompensa). En el caso de una bifurcación fuerte, se adaptan a la cadena que tiene el Consenso, porque están impulsados por las ganancias, no por la bondad o la democracia.
Para entender por qué no tienen poder de decisión, vea el caso de Segwit2x (de una propuesta respaldada por grandes grupos mineros) y la falta de adopción de esta propuesta por parte de la comunidad.

Sin embargo, como hemos dicho, con la frase "una CPU, un voto", Satoshi Nakamoto se refería a un solo componente de Bitcoin, la Prueba de trabajo, y no a toda la operación del sistema; por lo tanto, las condiciones expresadas anteriormente son completamente superfluas en ese contexto y solo sirven para comprender que aplicar esta oración a todo el Protocolo de Bitcoin es incorrecto.

Glosario

Algunos de los términos más comunes en la industria.

Ajuste de dificultad: un minero cierra un bloque en promedio cada 10 minutos. El cálculo de la prueba de trabajo implica una dificultad variable, lo que significa que el tiempo promedio de descubrimiento de los bloques es precisamente de 10 minutos. Esta dificultad se ajusta cada 2016 bloques, aproximadamente dos semanas. Si, en este intervalo de tiempo, el hashrate de los mineros ha aumentado hasta el punto de reducir el tiempo de descubrimiento de los bloques a menos de 10 minutos, entonces la dificultad aumentará, si en cambio el tiempo promedio es mayor a 10 minutos, la dificultad será reducida.

Ballenas (whales): un gran jugador del mercado. Típicamente, cuando una "ballena" vende o compra grandes sumas de dinero, el mercado sufre más o menos notablemente. En finanzas, estos jugadores a veces se identifican con el término "tiburón", aunque por esta definición nos referimos a un inversionista que actúa agresivamente en el mercado, incluso sin tener el capital de las llamadas ballenas.

Bug: error al escribir software que puede causar fallas o fallas sistémicas.

CoinJoin: sistema utilizado para aumentar la fungibilidad de las transacciones de Bitcoin en la blockchain. CoinJoin combina múltiples pagos de diferentes remitentes en una sola transacción.

Contrato inteligente (smart contracts): contratos digitales programables y regulados por protocolos, que no requieren intervención humana directa para su ejecución.

Control de capital: medidas tomadas por las autoridades centrales para regular el flujo de dinero dentro y fuera de la economía estatal.

Deflación: fenómeno económico opuesto a la inflación. Disminución del precio de los bienes o servicios por un período prolongado de tiempo. Provoca el aumento del poder adquisitivo de la moneda.

Fiat: monedas legales, con un mercado forzado, en el cual se aplica la regla de inconvertibilidad entre los billetes y cualquier metal precioso en poder del Estado. El dólar, el euro y la libra dan un ejemplo de dinero fiduciario. Casi todas las monedas actualmente en circulación son fiduciarias.

FOMO (Fear of Missing Out): literalmente Miedo a perderse, o miedo a quedarse por fuera. Indica la ansiedad que generalmente se genera en períodos en los que el precio de un activo, en este caso de bitcoin, aumenta rápidamente. Muchos se sienten atraídos por la compra de este aumento repentino de precios, con la esperanza de generar ganancias con la misma rapidez.

FUD (Fear, Uncertain and Doubt): Miedo, incertidumbre y duda, representan la difusión de información, incluso falsa o manipulada de otra manera para reducir el precio de un activo o desalentar su compra.

Halving: división en dos partes. En Bitcoin, indica la reducción a la mitad del subsidio al minero que descubre un nuevo bloque y se lleva a cabo aproximadamente cada cuatro años, es decir, después de 210,000 bloques, comenzando desde el bloque 0 llamado Genesis Block. Actualmente (2019) la recompensa es de 12.5 bitcoins y se convertirá en 6.25 BTC en 2020. La inflación de Bitcoin aumenta con esta reducción.

Hash: función matemática no invertible. Gracias a ello, es posible transformar una cadena de datos de longitud arbitraria en una cadena de longitud predefinida.

HODL (deriva de hold): neologismo que indica la acción de aguantar o mantener bitcoins tratando de no gastarlos. El usuario que actúa de esta manera puede definirse a sí mismo como un hodler.

Inflación: la inflación de precios significa un aumento en el precio de los bienes o servicios durante un período prolongado de tiempo. Provoca la disminución del poder adquisitivo de la moneda. La inflación monetaria significa un aumento en la oferta del suministro de dinero en un sistema monetario.

Llave privada maestra: llave privada principal de un monedero determinista jerárquico. A través de la llave privada maestra es posible derivar todas las direcciones pasadas y futuras de la billetera.

Mercado bajista (bear market): definición utilizada para describir los períodos en los que el precio en el mercado está cayendo. Por lo general, estos son períodos prolongados de tiempo, generalmente meses.

Monedero determinista jerárquico (monedero HD): un monedero que genera nuevas direcciones de recepción cada vez que se usa para recibir fondos. Este tipo de billetera le permite controlar direcciones teóricamente infinitas utilizando una sola llave privada principal (llave privada maestra). Los monederos deterministas jerárquicos son útiles para aumentar el nivel de privacidad de las transacciones en la blockchain.

Monedero frío (cold wallet): típicamente un monedero fuera de línea, en el que se deberían preservar la mayor parte de nuestros fondosen satoshi.

Palabras semilla (seed phrase): una lista de palabras (típicamente 12 o 24) generadas aleatoriamente por nuestro monedero. Estas palabras, en secuencia, permiten que el monedero genere todas las direcciones vinculadas a una llave privada maestra específica.

Patrón Oro: sistema monetario en el que las monedas son representaciones de una cierta cantidad de oro y son convertibles. Hasta 1971, el dólar estaba "respaldado por oro", es decir, representaba una cierta cantidad de oro almacenado en las bóvedas de la Reserva Federal.

Polvo o diferencia: el resto de una transacción de Bitcoin. Bitcoin utiliza el modelo UTXO, por lo que cada transacción corresponde a un cierto número de bitcoins (salidas) no gastados que se utilizan como entrada para este último. Imaginemos que Alice tiene que enviar 1 BTC a Bob y su billetera tiene 1.25 BTC como bitcoins no gastados (salida). Alice enviará a Bob la producción completa de 1.25 BTC, pagará una comisión minera variable (por ejemplo, 0.0001 BTC) y Bob tendrá 1 BTC. Luego, Alice recibirá 0.2499 BTC a medida que cambie la transacción, utilizable para los próximos gastos.

Red de malla (mesh): un sistema de conexión descentralizado que utiliza nodos que actúan como receptores, transmisores y repetidores. Es posible que una red de malla no necesite estar conectada a Internet.

Red satelital Blockstream: una red de satélites creada por la compañía Blockstream para enviar bloques válidos de Bitcoin a la Tierra. El objetivo es ofrecer a Bitcoin una red de malla para su correcto funcionamiento, sin utilizar Internet.

Shitcoin: las criptomonedas alternativas a menudo se denominan como altcoins o shitcoins. Las características de descentralización y seguridad de Bitcoin a menudo se reducen o eliminan a favor de la velocidad de las transacciones de sus blockchains.

Sistema de transmisión: Bitcoin, en su significado de capa base, a menudo se conoce como un sistema de transmisión porque, aunque las transacciones viajan sin la intervención directa de un tercero confiable, los mineros se encargan de transcribirlas en la cadena de bloques. Sin embargo, no es posible censurar las transacciones porque, si un minero no las incluye en un bloque, alguien más las incluiría en un bloque posterior.

Suministro circulante: la cantidad de bitcoins en circulación en este momento. Se consideran todos los bitcoins generados hasta este punto, aunque el suministro circulante real debería considerar bitcoins cuyas claves no se han perdido y que, por lo tanto, son prescindibles.

Suministro total: el total de bitcoins que se pondrán en circulación. Conocemos esta cantidad y sabemos en qué bloque se alcanzará, incluso si no es el tiempo preciso, en 2140. La previsibilidad de Bitcoin es una de sus características fundamentales.

Ticker: el símbolo utilizado para identificar un activo en el mercado. El ticker de Bitcoin es BTC.

Token: generalmente un activo que está alojado en una cadena de bloques. Hay tokens cuya misión es considerarse criptomonedas reales, otros son utilidades. Algunos representan un proyecto que en el futuro podría tener su propia red principal o mainet (una cadena de bloques patentada) y se intercambiará con los activos de esta cadena típicamente en una proporción 1: 1. Otros tokens permiten comprar los bienes y / o servicios del proyecto en cuestión. Finalmente, hay tokens de seguridad definibles que, como el mercado de valores clásico, representan una participación en el proyecto, en términos de dividendos, ganancias, gobierno, etc.

Sobre el Autor

IT consultant, photographer, music lover, #Bitcoin enthusiast.

David Coen es consultor de IT y fotógrafo profesional con más de 10 años de experiencia.

En 2016, David emprendió el estudio de Bitcoin y está convencido de que enfrentamos una revolución tecnológica igual a la que condujo a la adopción de Internet y la World Wide Web.

Apoya la adopción de la terminología LNP / BP para indicar el conjunto de protocolos en la base de Bitcoin (capa de liquidación) y de la segunda capa Lightning Network (capa de transacciones).

Contactos

¿Como puedo ayudarte?

Envía un mensaje a:

correo electrónico: info@davidcoen.it
Twitter: @thedavidcoen
Sitio web: davidcoen.it
PGP fingerprint: 5351632CBBF23EF29F1815ACD270A7681AE508EA

Fuentes y referencias

[1] S. Nakamoto, Bitcoin: A Peer-to-Peer Electronic Cash System, 2008.

[2] C. Valia, «Le carte del circuito Visa hanno smesso di funzionare in tutta Europa e nel Regno Unito,» The Post International, 1 June 2018. [Online]. Available: https://www.tpi.it/2018/06/01/visa-down/.

[3] The Guardian, «Visa card payments system returns to full capacity after crash,» The Guardian, June 2018. [Online]. Available: https://www.theguardian.com/money/2018/jun/01/visa-card-network-crashes-and-sparks-payment-chaos.

[4] M. Arnold, «MasterCard customers suffer outages around the world,» Financial Times, 12 July 2018. [Online]. Available: https://www.ft.com/content/1fd2a066-860f-11e8-a29d-73e3d454535d.

[5] J. Sternberg, «MasterCard's Server Went Down. And Twitter Users Raged Because They Couldn't Get Their Dunkin' Fix,» Adweek, 10 May 2018. [Online]. Available: https://www.adweek.com/digital/mastercards-server-went-down-and-twitter-raged-because-it-couldnt-get-its-dunkin-fix/.

[6] B. Scott, «The Guardian,» 19 July 2018. [Online]. Available: https://www.theguardian.com/commentisfree/2018/jul/19/cashless-society-con-big-finance-banks-closing-atms.

[7] U. G. HM Treasury. [Online]. Available: https://assets.publishing.service.gov.uk/government/uploads/system/uploads/attachment_data/file/689234/Cash_and_digital_payments_in_the_new_economy.pdf.

[8] N. Fabris, «Cashless Society – The Future of Money or a Utopia?,» in *Journal of Central Banking Theory and Practice*, 2010, pp. 53-66.

[9] R. Huang, «How Bitcoin And WikiLeaks Saved Each Other,» Forbes, 26 April 2019. [Online]. Available: https://www.forbes.com/sites/rogerhuang/2019/04/26/how-bitcoin-and-wikileaks-saved-each-other/.

[10] J. Andrews e J. Rampen, «Greece crisis: Banks closed and cash machines limited to €60 a day - what you can do,» [Online]. Available: https://www.mirror.co.uk/money/greek-crisis-travel-advice-cash-machines-limited-banks-closed-5967293.

[11] P. Sanders, «Argentina Imposes Capital Controls as Reserves Drain Away,» 1 September 2019. [Online]. Available: https://www.bloomberg.com/news/articles/2019-09-01/argentina-imposes-currency-controls-as-debt-crisis-escalates.

[12] Il Post, «La crisi di Hong Kong, spiegata bene,» 17 August 2019. [Online]. Available: https://www.ilpost.it/2019/08/17/crisi-hong-kong-spiegata/.

[13] P. Siu, «Hong Kong slow to go cashless? Blame success of Octopus card, minister says,» 30 October 2017. [Online]. Available: https://www.scmp.com/news/hong-kong/economy/article/2117467/hong-kong-slow-go-cashless-blame-success-octopus-card.

[14] M. Hui, «Why Hong Kong's protesters were afraid to use their metro cards,» 13 June 2019. [Online]. Available: https://qz.com/1642441/extradition-law-why-hong-kong-protesters-didnt-use-own-metro-cards/.

[15]   A. Vranova, T. Ajiboye, L. Buenaventura, L. Liu, A. Lloyd, A. Machado, J. Song e A. Gladstein, The Little Bitcoin Book: Why Bitcoin Matters for Your Freedom, Finances, and Future, 2019.

[16]   H. R. Foundation, «Political Regime Map,» [Online]. Available: https://hrf.org/research_posts/political-regime-map/.

[17]   V. Marria, «Forbes,» 21 December 2018. [Online]. Available: https://www.forbes.com/sites/vishalmarria/2018/12/21/what-a-cashless-society-could-mean-for-the-future/.

[18]   Crypto Italia, «Why is the limit 21 million BTC?,» [Online]. Available: https://cryptoitalia.org/en/why-is-the-limit-21-million-btc/.

[19]   Blockspoint, «17 Millionth Bitcoin Was Mined: What Does It Mean And Why Does This Matter?,» 27 April 2018. [Online]. Available: https://blockspoint.com/news/archive/17-millionth-bitcoin-was-mined-what-does-it-mean.

[20]   J. Song, «Understanding Segwit Block Size,» 3 July 2017. [Online]. Available: https://medium.com/@jimmysong/understanding-segwit-block-size-fd901b87c9d4.

[21]   J. Song, «Transaction Malleability Explained,» 16 August 2017. [Online]. Available: https://bitcointechtalk.com/transaction-malleability-explained-b7e240236fc7.

[22]   J. Lopp, «Who Controls Bitcoin Core?,» [Online]. Available: https://blog.lopp.net/who-controls-bitcoin-core-/.

[23]   Fidest, «oundreef viene riconosciuta ufficialmente dall'Intellectual Property Office del Regno Unito come Independent Management Entity (IME),» 2016. [Online]. Available:

https://fidest.wordpress.com/2016/04/04/soundreef-viene-riconosciuta-ufficialmente-dallintellectual-property-office-del-regno-unito-come-independent-management-entity-ime/.

[24] Blockchain.com, «Average Number Of Transactions Per Block,» [Online]. Available: https://www.blockchain.com/charts/n-transactions-per-block.

[25] R. A.Werner, «How do banks create money, and why can other firms not do the same? An explanation for the coexistence of lending and deposit-taking,» in *International Review of Financial Analysis, Vol. 36*, 2014, pp. 71-77.

[26] F. C. A. (FCA), «Client money rules,» [Online]. Available: https://www.handbook.fca.org.uk/handbook/CASS/7.pdf.

[27] «Laszlo's Pizza,» [Online]. Available: https://bitcointalk.org/index.php?topic=137.0 .

[28] «Laszlo's Pizza Transaction,» [Online]. Available: https://blockchair.com/bitcoin/transaction/a1075db55d416d3ca199f55b6084e2115b9345e16c5cf302fc80e9d5fbf5d48d.

[29] Investopedia, «Money Supply,» [Online]. Available: https://www.investopedia.com/terms/m/moneysupply.asp.

[30] M. Hartman, «Here's how much money there is in the world — and why you've never heard the exact number,» Business Insider, 17 November 2017. [Online]. Available: https://www.businessinsider.com/heres-how-much-money-there-is-in-the-world-2017-10?IR=T.

[31] P. Hobson, «Exclusive: Fake-branded bars slip dirty gold into world markets,» Reuters, 28 August 2019. [Online]. Available:

https://www.reuters.com/article/us-gold-swiss-fakes-exclusive/exclusive-fake-branded-bars-slip-dirty-gold-into-world-markets-idUSKCN1VI0DD.

[32] B. Musser, «What is the Lightning Network?,» Airbitz Inc., 28 March 2019. [Online]. Available: https://edge.app/blog/what-is-the-lightning-network/.

[33] L. Law, S. Sabett e J. Solinas, «HOW TO MAKE A MINT: THE CRYPTOGRAPHY OF ANONYMOUS ELECTRONIC CASH,» National Security Agency Office of Information Security Research and Technology, 1996. [Online]. Available: https://groups.csail.mit.edu/mac/classes/6.805/articles/money/nsamint/nsamint.htm.

[34] StackExchange, «Badr Bellaj about Bitcoin private key security,» [Online]. Available: https://bitcoin.stackexchange.com/questions/2847/how-long-would-it-take-a-large-computer-to-crack-a-private-key#targetText=A%20Bitcoin%20private%20key%20(ECC,universe%20to%20count%20them%20all.

[35] B. Musser, «Hardware, Software, and Programmable Security,» Airbitz Inc., [Online]. Available: https://edge.app/blog/hardware-software-and-programmable-security/.

[36] V. Buterin, «On Bitcoin Maximalism, and Currency and Platform Network Effects,» 19 November 2014. [Online]. Available: https://blog.ethereum.org/2014/11/20/bitcoin-maximalism-currency-platform-network-effects/.

[37] V. G. Cerf e R. E. Kahn, «A Protocol for Packet Network Intercommunication,» Princeton University, 1974. [Online]. Available:

https://www.cs.princeton.edu/courses/archive/fall06/cos561/papers/cerf74.pdf.

[38] V. Yadav, «Learning the TCP/IP Protocol Suite,» 11 March 2018. [Online]. Available: https://codeburst.io/learning-tcp-ip-protocol-suite-6947b601ea11.

[39] «Internet protocol suite,» Wikipedia, [Online]. Available: https://en.wikipedia.org/wiki/Internet_protocol_suite.

[40] A. Ol, «Internet Protocol stack in Internet protocol suite (TCP/IP),» 18 OCtober 2017. [Online]. Available: https://medium.com/@anna7/internet-protocol-layers-in-internet-protocol-suite-tcp-ip-abe038c0adde.

[41] T. D. Joseph Poon, «The Bitcoin Lightning Network: Scalable Off-Chain Instant Payments,» 14 January 2016. [Online]. Available: https://lightning.network/lightning-network-paper.pdf.

[42] T. Dryja, «Discreet Log Contracts,» MIT Digital Currency Initiative, [Online]. Available: https://adiabat.github.io/dlc.pdf.

[43] «Storm on GitHub,» [Online]. Available: https://github.com/storm-org/storm-spec.

[44] A. v. Wirdum, «With Stratum V2, Braiins Plans Big Overhaul in Pooled Bitcoin Mining,» Bitcoin Magazine, 5 August 2019. [Online]. Available: https://bitcoinmagazine.com/articles/with-stratum-v2-braiins-plans-big-overhaul-in-pooled-bitcoin-mining.

[45] C. Reichel, «BetterHash Protocol Lets Pool Miners Regain Control Over Their Hash Power,» Bitcoin Magazine, 21 January 2019. [Online]. Available:

https://bitcoinmagazine.com/articles/betterhash-protocol-lets-pool-miners-regain-control-over-their-hash-power.

[46] Coin Dance, «Bitcoin Nodes Summary,» [Online]. Available: https://coin.dance/nodes.

www.ingramcontent.com/pod-product-compliance
Lightning Source LLC
Chambersburg PA
CBHW070627220526
45466CB00001B/111